＼オンラインで食のお仕事はじめませんか？／

料理＆栄養の
お仕事で起業

KEI UMEHARA

みらいPUBLISHING

食の在宅ワーク

お仕事タイプ ▶ 教える系

オンライン料理講師

　オンライン料理教室などのレッスンを行うお仕事です。料理が好きな方、人と関わることが好きな方にはぴったりのお仕事です。

　オンラインの場合、スマホカメラやZoomなどのアプリを利用して、リアルタイムで開催することが多いですが、レッスンの様子を動画化して、動画講座にする方法もあります。

　人気教室になれば、メディアに取材されたり、レシピ本を出版したり、企業から外部講師として、仕事を依頼されることもあります。

　集客や教室運営は自分で行う必要があるので、それに伴う知識を身につけていきましょう。

　なお、料理教室というと、広いキッチンが必要なのでは？　と思われがちですが、オンライン料理教室の場合、キッチンが狭くても問題ありません。理由は、必ずしもキッチンをすべて映す必要がないからです。

　例えば料理のデモンストレーションをする時は、俯瞰撮影といって、上にスマホを置いて、手元だけが写るようにすれば、キッチン全体は映りません。お客様とお話しする場面では、Zoomのバーチャル背景をつければ、自宅の背景を映さずに済みます。

- ☐ 料理をすることが好き
- ☐ 自分のオリジナルサービスを作りたい
- ☐ 顔出しできる
- ☐ 人と話すのが好き
- ☐ 教えるのが好きまたは得意

- ☐ 先生と呼ばれてみたい
- ☐ マネタイズはそこまで急いでいない
- ☐ 料理教室を開くことに興味があった
- ☐ 自分の知識や経験を伝えていきたい
- ☐ よく悩み相談を受けることがある

チェックの数 ＿＿＿＿ 個

food side job from home

食の在宅ワーク **2**

お仕事タイプ ▶ 教える系

食事指導者

　食を通じて健康のサポートをします。お客様のライフスタイルに応じて、献立を考えたり、美容やダイエットに特化したメニューを考えたり、健康的な食生活を楽しめるよう、食事指導やダイエットのサポートなどを行います。

　オンラインの場合、Zoom などのアプリを利用してカウンセリングを行ったり、メッセージのやり取りで食事指導をしたりなど、方法は様々です。

　個別サポートという形で月謝制（サブスク）にしたり、1対多数の講座形式にしたりと、サービスを作っていくことができます。料理教室と同じく、集客や運営は自分で行う必要があるので、それに伴う知識を身につけていきましょう。

　食事指導は、栄養士や管理栄養士の資格があると有利にはなりますが、必ずしも資格が必要というわけではありません。
　特にダイエットの食事指導など、個人向けサービスは、資格がなくても知識さえあれば取り組むことが可能です。

いくつ当てはまるかチェック！ 向いている度

- ☐ 栄養や美容/健康に関することに興味がある
- ☐ 人と話すのが好き
- ☐ アドバイスするのが好きまたは得意
- ☐ 自分のオリジナルサービスを作りたい
- ☐ 顔出しできる
- ☐ 栄養や美容/健康に関する資格を持っている
- ☐ 自分の知識や経験を伝えていきたい
- ☐ よく悩み相談を受けることがある
- ☐ マネタイズはそこまで急いでいない
- ☐ 食事指導の仕事に興味があった

チェックの数 ＿＿＿ 個

食の在宅ワーク

食の在宅ワーク 3

お仕事タイプ
▶︎やってあげる系

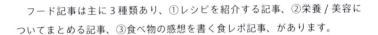

フードライター

食に関する様々な情報を、記事にするお仕事です。

フード記事は主に3種類あり、①レシピを紹介する記事、②栄養／美容についてまとめる記事、③食べ物の感想を書く食レポ記事、があります。

比較的お仕事獲得までのスピードが早いので、少しでも早く実績が作りたい方や、早くマネタイズ（収益化）がしたい方にもおすすめです。

執筆というと、文章力が何より必要と思われがちですが、レシピ記事と食レポ記事においては、実は、文章以上に「料理写真」が大事になります。
　理由は、レシピ記事と食レポ記事は、料理のビジュアルでクリック率などが変わるからです。
　料理紹介の場合は、どんなに記事の内容が良くても、文章以上に料理の写真の印象から情報を得ることが多いです。
　フード記事の執筆には、種類ごとに書き方のパターンがあり、それらを身につけることで、初心者の方でも割と短期間で書けるようになります。

いくつ当てはまるかチェック！　**向いている度**

- ☐ 文章を書くことに苦手意識はない
- ☐ 飲食店を巡ったり、
グルメレポを書くことに興味がある
- ☐ 黙々と作業するのが苦ではない
- ☐ どちらかというと
人と一緒にいるより1人の時間が欲しい

- ☐ ブログを書いたことがある
- ☐ レシピを考えることに興味がある
- ☐ 栄養や美容/健康に関する知識がある
- ☐ 顔出ししなくても良い仕事がしたい
- ☐ 早めに収益化がしたい
- ☐ フードライターに興味がある

チェックの数 _____ 個

食の在宅ワーク 4

お仕事タイプ
▶ やってあげる系

料理動画クリエイター

料理動画を制作をするお仕事です。

今は動画の時代と言われており、動画市場はどんどん伸びています！

　SNSの発信は、動画が中心となってきているので、Instagram用のリール動画を作って欲しい、TikTok用の料理動画を作って欲しい、YouTube向けの本格的な料理動画を作って欲しい、といったニーズがあります。
　レシピ作成から調理・料理撮影まで出来て、さらに動画の編集まで全部できるという人ははまだ限られているので、スキルが身につくと重宝される確率が高いです。
　動画編集に対して難しそうなイメージを持たれる方もいますが、編集ソフトさえ選べば、初心者の方でも意外と難しくなく、感覚的にできます。
　料理動画の場合、編集はシンプルなものが多く、動画編集スキルはそこまで高度なものは求められません。それよりも料理の映像の方が大事になるので、料理の盛り付けや、フードスタイリングを学んで、美味しそうな映像が撮れると良いです。

向いている度 （いくつ当てはまるかチェック！）

- ☐ 動画にそこまで苦手意識はない
- ☐ 料理撮影の仕事に興味がある
- ☐ 創作や作品作りが好きな方だ
- ☐ どちらかというと
   人と一緒にいるより1人の時間が欲しい
- ☐ 食分野に限らず使える
   副業スキルが欲しい
- ☐ 何かしら動画を作ったことがある
- ☐ レシピを考えることに興味がある
- ☐ 黙々と作業するのが苦ではない
- ☐ 顔出ししなくても良い仕事がしたい
- ☐ 料理動画クリエイターに興味がある

チェックの数 _____ 個

食の在宅ワーク

食の在宅ワーク 5

お仕事タイプ
▶ やってあげる系

レシピ開発

　食のプロとして、お客様のニーズに合わせてレシピやメニューを考案します。

　見た目、味、栄養価、話題性などを総合的に考えて、お客様にとってプラスになるレシピを意識するのがコツです。

　レシピ開発は、料理写真とセットで依頼されることが多いので、料理の盛り付けや、フードスタイリング、料理写真の撮り方なども身につけておくと良いです。

　また、自分自身に影響力があると、SNSやブログ経由で受注ができたり、単価も上げやすくなります。

　本格的にレシピ開発を仕事にしたい場合は、SNS活動なども並行していくのがおすすめです。

向いている度 (いくつ当てはまるかチェック!)

- ☐ 創作や作品作りが好きな方だ
- ☐ レシピ考案の仕事に興味がある
- ☐ フードコーディネートに興味がある
- ☐ レシピ本を出版したい
- ☐ レシピ開発の仕事に興味がある
- ☐ 食材や調味料の
　組み合わせを考えるのが好き
- ☐ 料理するのが好き
- ☐ 黙々と作業するのが苦ではない
- ☐ SNS発信に興味がある
- ☐ 料理コンテンツ
　（本、料理動画、記事など）をよく見る

チェックの数 _____ 個

food side job from home

食の在宅ワーク **6**

お仕事タイプ
▶ インフルエンサー系

料理／栄養系インフルエンサー

　食分野で自分が広めたいことや、料理のレシピ、食に関する情報を、SNSやブログを使って発信します。

　フォロワーを増やし、インフルエンサーとして認められるようになると、PR案件（事業主から商品紹介などの依頼を受ける）が来ることがあり、収入源になります。

　他にも自分のサイトや動画に広告を貼ることで、広告収入を得られることもあります。

　知名度が高まれば、レシピ本を出版したり、雑誌などの特集でレシピを考えたり、料理番組を担当したりなど、料理家として活動することも可能になります。

　インフルエンサーになるには、発信活動を通して影響力を得ることが一番です。そのためには、SNSやブログでどんな投稿が伸びるのかを研究したり、自分自身の見せ方（ブランディング）もしっかりと考えていくと良いです。

　投稿をコツコツと続けていく必要があるので、あまり短期的に考えすぎず、長期的に考えてやっていきましょう。

いくつ当てはまるかチェック！　**向いている度**

- ☐ SNS発信に興味がある
- ☐ どちらかというと稼ぐよりも有名になりたい
- ☐ 料理撮影やレシピ考案に興味がある
- ☐ 決めたことをコツコツと続けられる方だ
- ☐ 副業禁止なので出来ることから進めたい
- ☐ レシピ本を出版したい
- ☐ 自分の中でSNS発信したいテーマがある
- ☐ 黙々と作業するのが苦ではない
- ☐ すぐに収益化できなくても良い
- ☐ 料理系インフルエンサーに興味がある

チェックの数 _____ 個

食の在宅ワーク

食の在宅ワーク 7

お仕事タイプ
▶やってあげる系

料理写真撮影代行

料理の写真撮影を行い、写真を納品するお仕事です。

SNS やブログで発信するため、料理教室の HP に掲載するため、など料理写真が必要な場面は多々あります。

「料理写真が必要だけど、自分で撮るのは苦手…」
そんな方のために、代わりに料理を美味しそうに素敵にコーディネートして、写真を撮ってあげるのが、料理写真の撮影代行です。

これまでは、チラシや広告用に、フードスタジオなどで、本格的にカメラマンと一緒に撮影する料理写真が一般的でした。

ですが最近は、SNS 用などで手作り感のある料理写真も求められており、その場合は自宅で撮影した写真でも可という場合も多いです。

料理写真撮影では、料理の盛り付けや、フードスタイリングが特に重要です。料理を美味しそうに見せる写真の撮り方を身につけていきましょう。

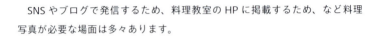

いくつ当てはまるかチェック！ 向いている度

☐ 料理撮影の仕事に興味がある
☐ 黙々と作業するのが苦ではない
☐ 器や小物を集めるのが好き
☐ どちらかというと
　人と一緒にいるより1人の時間が欲しい
☐ フードコーディネーターの仕事に
　興味がある

☐ テーブルコーディネートに興味がある
☐ 創作や作品作りが好きな方だ
☐ 顔出ししなくても良い仕事がしたい
☐ 料理の盛り付け方法に関心がある
☐ 料理することが好き

チェックの数 _____ 個

food side job from home

食の在宅副業 実践者にインタビュー 「私の働き方」

フード記事作成や食事指導で在宅ワーク 気づけば収入も会社員時代を超えるように

フードライター / フリーランス管理栄養士
松浦 ひとみ さん

今やっている食の在宅ワークは？

私は管理栄養士の資格を活かして主に**ライターと食事指導をメインに在宅ワーク**をしています。

フードライターとしては、クライアントの依頼に合わせて構成した記事の作成、リライト業務、記事監修を継続的にしており、料理写真の撮影を含めたレシピ記事の作成など、食に関するメディア記事作成に携わっています。

オンライン食事指導では、様々な理由から健康的な食事管理を必要とする方一人ひとりに対し、専門職の立場からできるサポートをしています。

食の在宅ワークの魅力は？

私や家族の様々なライフステージに合わせて、もっと細かく言えばその日の**家族の予定を踏まえて、自分の時間調整次第で好きな仕事を継続**できていることが、私にとって在宅ワークの最大の魅力です。また、私たち家族が大切にしている「学校に行っている間も、帰ってきた時にも、ママが家にいる安心感」を確保できることにもとても満足しています。**家にいながら、自分の専門分野を活かしスキルアップしながら成長もしていける**ことに、日々やりがいを感じています！

どうやって食の在宅ワークができるようになった？

在宅ワークができるようになった1番の要因は、「環境を変えたこと」です。私にとってそれが Mia に飛び込んだことでした。素人が見よう見まねでやるのと、プロから確実なノウハウを教えてもらって着実に行動するのとでは、成長していくスピード感と安心感が全然違います。

Mia に入学して約7ヶ月の頃には、管理栄養士の資格を活かしながら監修・ライターとしての仕事を継続でいただけるように。ライターとしてのスキルゼロからの出発でも、目の前の仕事を着実にこなして いくことで、**気づけば収入も会社員時代を超えるようになった**ことは、大きな自信に繋がりました。

また、「NG なしでやってみる精神」を持ち続けることも、自分の可能性を決めつけずスキルアップを諦めたくない自分にとっては大切なポイントとして意識していることです。

フリーランス管理栄養士 松浦ひとみさんについて
https://www.instagram.com/htm_matsuura/

食の在宅ワーク

食の在宅副業
実践者にインタビュー
「私の働き方」

自宅でオンライン料理教室を開催
子育て中でも延べ360名の生徒様に来てもらえるように

オンライン料理講師
井上まりあ さん

今やっている食の在宅ワークは？

「薬剤師が伝える♪30分で3品作れる時短健康ごはん」をテーマに、オンライン料理教室を開催しています。忙しいワーキングマザーでも参加できるよう平日早朝6時からスタート。幼少期のお子様のごはん作りに悩むお母さんから、朝活で充実した1日をスタートしたいと頑張るお母さんまで、幅広い年代の方に支持いただいています。

最初は「食」に関わる仕事経験ゼロ・知識ゼロ・人脈ゼロでしたが、1年で延べ360名越えの生徒様に受講していただいた経験と、前職（製薬会社の営業）で得た強みも活かしながら、現在は健康・美容系の講師育成サービスにも力を注いでいます。

食の在宅ワークの魅力は？

子育てと仕事、プライベートの両立が無理なくできることです。基本欲張りでやりたいことが多いので、自分の裁量で働く時間や量を調整できることが、本当にありがたい。心身バランスが取れていて心地良い毎日を送っています。食の在宅ワーカーになったことで、医療現場ではできなかったアプローチができるようになったことも、キャリアに広がりを感じています。そして何より、子供の「ちょっとした日常」を目の当たりに出来ることが、母として、とても幸せです。

どうやって食の在宅ワークができるようになった？

長年医療に携わる仕事をしてきたので、「食＝健康の土台」ということに、何度もたどり着いてきました。「食」に関わる仕事をすることで、人の健康に貢献できるだろうと漠然と思うだけで、具体的に何ができるのかわからず、やり方も不明。そんな時に、InstagramでMiaに出会い、ここなら未経験の私でも、何か仕事を始められるようになるかもしれない、と思い学ぶことに決めました。「複数の収入の柱を持つ」という考え方のもと、「食」に関わるスキルを身につけながら、自分の好きと得意が活かせる働き方が見つかり、少しずつお仕事ができるようになっていきました。

オンライン料理講師 井上まりあさんについて
https://maria-inoue.com

food side job from home

食の在宅副業
実践者にインタビュー
「私の働き方」

インスタグラムのレシピ発信で収益化
食に関する資格なしでも料理を仕事にできるように

料理系インスタグラマー
さあや さん

今やっている食の在宅ワークは？

インスタグラムの発信を通して、PR 案件や広告掲載などを行なっています。

また、クライアントワークとして企業様の商品を使ったアレンジレシピの開発や料理写真撮影、料理動画制作など、自宅にいながら食に関する幅広いお仕事をさせていただいております。

食の在宅ワークの魅力は？

1 番の魅力は、場所を選ばず自分のペースで自由に働ける点だと感じています。

私自身、夫が転勤族のため、**どこに住んでいても変わらずお仕事ができる環境を作りたくて食の在宅ワークに挑戦**し始めました。将来、家族が増えた時、子供の近くにいながら仕事でき、どちらかを犠牲にすることなく家族との時間を大切にできる点も魅力だと思います。

どうやって食の在宅ワークができるようになった？

食の在宅ワークについて幅広く基礎から学べる Mia に出会ったことがきっかけです。

食に関する資格や仕事経験が全くなかった私ですが、Mia の講座で学んだことはしっかりとアウトプットを行い、実際に挑戦してみるという意識を大切にしていました。それを繰り返すことで、**少しずつ実績に繋げることができ、自分の可能性がとても広がりました。**

料理系インスタグラマー さあやさんについて
Instagram アカウント　@saa_gohan0312

11

食の在宅ワーク

食の在宅副業 実践者にインタビュー
「私の働き方」

自宅で料理写真の撮影代行やレシピ開発
保育園栄養士から料理研究家に転身！

料理研究家
なな さん

今やっている食の在宅ワークは？

料理写真の撮影代行や、大手スーパーや食品メーカーのレシピ開発を行っています。

食の在宅ワークの魅力は？

1日のスケジュールの中で自分のタイミングでお仕事ができ、**通勤や人間関係のストレスが大幅に減って毎日過ごしやすく**なりました。

自宅で調理・撮影の日は、**作成した料理がそのまま夕飯**になるので、おかげで家族と一緒に食事する時間が増え、さらに仕事が楽しくなりました。クライアントだけでなく、家族も喜んでくれるのもいいなと思います。

どうやって食の在宅ワークができるようになった？

元々は保育園栄養士だったのですが、職場環境が合わず辞めてしまい、何をしようかと迷っていたところ、車との衝突事故にあって怪我で外出もできない状態に…。

これからどうしようと思っていた時に、食のクリエイティブスクール Mia に出会い、食の在宅副業ができることを知りました。

Mia でインプット・アウトプットを繰り返したり、あとは**すでに実践されている方に直接話を聞いたり**、スクール生に自らコミュニケーションを取って、情報交換をしているうちに、だんだんとお仕事が軌道に乗ってきました。

料理研究家 ななさんについて
Instagram: https://www.instagram.com/nana_cook748/

food side job from home

食の在宅副業
実践者にインタビュー
「私の働き方」

オンラインでダイエットサポート
保育園栄養士から料理研究家に転身！

管理栄養士
佐藤 樹里 さん

今やっている食の在宅ワークは？

管理栄養士として、ZoomやLINEを使ったダイエットサポート、レシピ開発、商品・記事監修、栄養コラム記事の執筆、食のクリエイティブスクールMiaの講師業などを行っています。「チャーハン栄養士」を名乗って活動もしており、オンラインショップで炒飯グッズの販売も行っています。

食の在宅ワークの魅力は？

自分で時間管理ができるところが魅力的です。まだ子供が小さいので、子供が通っている保育園から呼び出しなどが頻繁にありますが、そういった時に柔軟に対応できるのは良いなと感じています。仕事と子育てとのバランスは、とりやすいと思います。

どうやって食の在宅ワークができるようになった？

元々は対面メインで活動していたのですが、コロナと出産をきっかけに、オンラインの働き方にシフトしていきました。**SNSを活用して活動や想いを発信**したり、色々なWEB媒体で執筆した記事を露出していくことで、ネットの中で自分を発見していただける機会が増えていきました。発信活動をきっかけに在宅ワークでもできるようになりましたし、**レシピ本出版やTVへの出演オファーも来るよう**になりました。

管理栄養士 佐藤樹里さんについて
https://www.instagram.com/jurijapan/

13

food side job from home

仕事とプライベートが スムーズに両立♪

育児の合間に

気分転換に夕飯作り

洗濯機を回しながら

旅先で仕事

ワークライフバランスが充実☆✦

食の在宅ワーク

「食」を通して夢を叶えられる！

> 昔、食の資格をとったが活かせてない…

> 食の仕事に興味があるけど経験がない…

未経験でも、ブランクがあっても、
挑戦できるのが食の在宅副業の魅力 ✩✩

food side job from home

オンラインで食のお仕事はじめませんか?
料理&栄養の在宅副業

はじめに

はじめに

food side job from home

好きな「食」で「在宅副業」するための本

食のお仕事で
在宅ワークなんて
できるの?

特別な
キャリアもないけど
本当に
仕事になる?

もしかすると、そんな風に思ったかもしれません。
かつての私もそうでした。

特にキャリアがあるわけでもなく、何か良い成績を残したということも一切ありません。
本当に普通のOLでした。

さらに学生時代はダメ学生で、就活では100社落ちるほどの落ちこぼれでした。
会社員時代までは何の評価も受けなかった私ですが、副業から食の仕事を始めて起業し、今は3児のママをやりながら、月商は7桁を超え、楽しく働くことができています。

なぜだと思いますか?
それは「食が好き」という気持ちと「理想の働き方」をカタチにしたからです。

食の在宅ワークを始めるために、特別な能力やセンスは必要ありません。
一番大事なのは「食を仕事にしたい」という気持ちです。

そして今はオンラインを活用することで、好きな時間に好きな場所で、無理なく働くことができるようになりました。

「でもオンラインって怪しい…」
「WEBが苦手でついていけなさそう」

なんて、思いませんでしたか？

私自身も最初は、食の仕事と言えば現場仕事！　というイメージで、パソコンなんてほとんど使いこなせない素人でした。

ですが、食の分野で副業からフリーランスとなり、３人の子供を出産してライフステージが変わる中、ようやくたどり着いたのが、「オンライン」という選択肢でした。

実はたくさんある！「食」×「オンライン」の仕事

レシピ開発、フード記事の執筆、オンライン料理教室、料理動画制作、料理写真撮影代行、料理系SNS発信、食育講座、食事指導など、これらのお仕事は、すべて在宅で行うことができます。

実際に、主宰するスクールでは、私がやってきた具体策をお教えしていますが、行動されている方のほとんどが、食でお仕事ができるようになっています。本書でお伝えする方法はこれまでに累計500名以上の方のサポートをする中で、実証されているメソッドです。

実際にこの本に書かれている方法を実践して、成果を出されたスクール生の声を一部紹介します。

はじめに

voice 1

「食」と「オンライン」の分野で、全くの未経験から、生徒100人超えの人気オンライン料理教室の先生に

40代女性・元専業主婦

　結婚を機に長年勤めていた会社を退職。今後は家庭と両立できる働き方がしたいと思っていました。

　そしてその際、「食」の分野で活動することを希望していましたが、全くの未経験であったため、何をどう行動したら食の仕事ができるのか、見当がつかずに途方にくれていました。

　そんな時にFacebookでMiaを見つけ（その後メルマガにも登録し）、食の仕事に必要なスキルや仕事の始め方を勉強できると知りました。

　さらにはその食の仕事が、オンライン中心であることも、これから希望する働き方に合っていると思い、参加することに決めました。

　受講前のイメージと良い意味で違ったのは、必要なスキルの勉強にとどまらず、起業に向けた準備をサポートする仕組みが整っていることです。

　いかにして食の仕事をしていくか、一緒に組み立てていけるのが、とても良かったです。

　Miaに出会わなかったら、自分の好きは「趣味」で終わり、「仕事」にすることを諦めていたと思います。

副業から始めて フードライターとして 会社員時代のお給料超えを達成

30代女性・元保育園栄養士

「食」に関わるオンラインの仕事といっても選択肢があり、こんなにも可能性が広がっていたんだということに驚きました。

料理写真撮影や料理レシピ作成など、Mia で学んだスキルを活かして自分で得た仕事に心がウキウキし、毎日がとても充実して過ごせるような経験ができているのも、あの時 Mia を選んだからです。

参加して約7ヶ月の頃には、管理栄養士の資格を活かしながら監修・ライターとしての仕事を継続で頂けるように。

ライターとしてのスキルゼロからの出発でも、目の前の仕事を着実にこなしていくことで、気づけば収入も会社員時代を超えるようになったことは、大きな自信に繋がりました。

はじめに

食のオンライン副業のチャンスが到来しています

「近所のスーパー以外出かけなかった」
「外に出るのは2ヶ月ぶり」
「仕事はリモートワークに切り替えた」

　コロナ禍の最中は、こんな会話がよく飛び交いましたよね。
　そんな時代が来るとは、誰も想像していなかったから、10年前の人が聞いたら、とてもビックリしたと思います。

　多くの会社が自宅勤務可となり、会議や打ち合わせは「オンライン」が当たり前になりました。
　さらに、様々な教室で「オンラインレッスン」も見かけるようになりました。
　オンラインヨガやオンライン英語教室、そして「オンライン料理教室」「オンライン食事指導」。
　食の分野においてもオンラインレッスンが主流になったのです。

　コロナ禍が終わりを迎えた今、リアルによる仕事やレッスンは再開されましたが、オンライン活用の文化は残りました。

　なぜなら多くの人が、オンラインが便利だということに気づいたからです。
　これまで打ち合わせや会議はリアルが主流でしたが、オンラインであれば、どこからでも参加できるため、移動時間が圧倒的に短縮できます。

　オンラインレッスンの場合も、自宅や好きな場所で受講す

ることができるので、時間を有効に使えます。レッスンに行くために、お化粧して着替えて準備して…といった手間もなく、本当にラクです。

　そういった背景もあり、今もオンライン活用が当たり前で、違和感のないものとなりました。

　こうした働き方の変化は、新しいことを始める時のチャンスになります。

　自宅で食の副業をする！　というのが当たり前の時代がやってきたのです。
　在宅副業というと、WEBデザイナーやライター、動画編集などを思い浮かべる方が多いですが、「食」を思い浮かべる方はまだあまり多くはありません。

　だからこそ、本書を手に取っていただいたあなたには、「食」と「オンライン」を掛け合わせて在宅副業ができることを知っていただき、先駆者としてのメリットも受け取って欲しいと思います。

ダメOL→食の仕事で独立→月商７桁の３児ママ社長に

　私は今でこそ、食の在宅ワーカーとしてお仕事を受注したり、累計受講者500名を超える、食のフリーランス養成スクール運営を行っていますが、元々は将来に希望を見出せず、漠然と不安を抱えたOLでした。

　そんな時、趣味だった料理教室での出会いがきっかけで、食の副業を始めることに。

はじめに

　そこから徐々にお仕事を拡大していき、キャリアチェンジを決意して、食のフリーランスになりました。

　好きなことを仕事にし、順風満帆に思えていた日々でしたが、再び転機が訪れたのは、子供の誕生でした。

　育児と仕事の両立は思っていた以上に難しく、定期開催していた料理教室は中止し、依頼を受けていたお仕事も、すべて終了しました。

「育児と両立できる食の仕事はないのかな」
　モヤモヤを解消するかのように、私は別の働き方を模索しながら学びを決意し、そしてオンラインという道に辿り着きました。
　それが、私の第2章と言えるお仕事スタートのきっかけとなりました。

「オンライン」を活用することでお仕事の幅は一気に広がり、月商は7桁を超えるようになりました。

「食の仕事は現場でしかできないと思っていたけど、そうじゃなかった」
「育児しながらでも、食を仕事にできる道はあった！」
　半信半疑でやってきたことが、確信に変わった瞬間でした。

　かつての私と同じように、
「今の自分はこれくらいでいい」「もう"ママだから"自分の夢なんて気にしていられない」
　そうやって、「私の人生はこれくらいで丁度良い」って思っ

たことはありませんか？

　自分の人生はすべて、自分の選択次第です。
　人目や常識なんて気にしなくていい。自分がどう生きるかを決めた上で、どう働くのかを決めていけば良いのです。

　これからお伝えする方法は、一部の人にしかできないというものではありません。
　特別なキャリアはない、食の仕事は未経験、育児中で時間がない、という方でも、挑戦できる内容です。

　食の在宅ワークの種類、働き方、準備すること、お仕事をとるコツ、副業から本業にする方法など、私が試行錯誤しながら取り組んできた「オンラインで食の仕事」をするための方法を惜しみなく書いています。
　あなたが考える「食」をお仕事としてカタチにしていくために、本書がそのきっかけになったら嬉しいです。

　梅原けい

food side job from home

CONTENTS

はじめに ………………………………………………… *20*

LESSON 1
料理／栄養系の在宅ワークって？

料理／栄養系の在宅ワークって本当にできるの？…………*36*

料理や栄養に関する資格は必要？ ………………………*38*

働き方は自由自在 ………………………………… *42*

パソコンや WEB が苦手でもできる？ …………………… *44*

あなたはどれがお好み？　3種の働き方………………*47*

　教える系の食の在宅ワーク …………………………*47*

　やってあげる系の食の在宅ワーク ………………… *49*

　インフルエンサー系の食の在宅ワーク…………………*50*

料理／栄養系の在宅副業タイプ別チェックシート …………*53*

　1：料理講師 ………………………………………… *53*

　2：食事指導・栄養指導 ………………………… *56*

　3：フードライター ……………………………………*59*

　4：料理動画クリエイター ……………………… *62*

　5：料理／栄養系インフルエンサー …………………… *65*

　6：フードコーディネーター…………………………… *68*

何が向いてるのかわからない時 …………………………… *71*

28

LESSON 2
料理／栄養系で在宅ワークの土台作り

未来の自分は、決めたもん勝ち ……………………………… 76

私にもできそうなことって？ ………………………………… 78

・WORK・「なりたい私」を書き出してみる …………………… 80

まずはこれを押さえればOK！　必須3大スキルとは … 82

    1. 食のスキル………………………………………… 82

    2. WEB スキル ……………………………………… 84

    3. ビジネススキル ………………………………………87

まずはスマホでOK！素敵な料理写真を撮るコツ ………… 88

料理のレシピを書く時に注意すること ……………………… 94

パソコンを買うなら何がいい？……………………………………97

food side job from home

CONTENTS

LESSON 3
初めの1歩を踏み出して、お仕事に挑戦
～やってあげる系副業の始め方～

最初の実績を作ろう ……………………………………………… *102*

やってあげる系の実績作り ……………………………………… *104*
    STEP1 ▷ ポートフォリオを作る ………………………………… *105*
    STEP2 ▷ お仕事マッチングサービスに登録 …………………… *106*
    STEP3 ▷ 単発のお仕事に応募してみる ………………………… *108*

フード記事を執筆しよう ………………………………………… *111*

料理動画を作ってみよう ………………………………………… *115*

レシピ開発ってどうやるの？ …………………………………… *120*

完璧は目指しちゃダメ！…………………………………………… *123*

LESSON 4
オンラインレッスンの始め方
～教える系副業の始め方～

教える系の実績作り ……………………………………… *128*
   STEP 1 ▷ 先輩のレッスンに参加してみる ……………………… *128*
   STEP 2 ▷ 練習会を開催 ………………………………… *129*
   STEP 3 ▷ 単発レッスンを行う ………………………………… *129*

オンラインレッスンは実は初心者向き！ ………………… *132*
Zoom の基本の使い方 ………………………………… *135*
お客様はどこから集めてくる？ ………………………… *140*
継続集客の鍵は LINE 公式アカウント ………………… *143*
お客様の声が何よりの実績証明 ………………………… *145*
失敗したらどうする？ ………………………………… *147*

food side job from home

CONTENTS

LESSON 5
お客様から選ばれる自分になる
〜 SNS を武器に自分をブランド化〜

薄利多売を卒業して単価を上げよう ……………………… *150*

セルフブランディングの作り方 ……………………… *153*
   1. 自分の強みの見つけ方 ……………………… *154*
   2. お客様が求めていることは？ ……………………… *156*
   3. やりたいことの考え方 ……………………… *157*

セルフブランディング発見ワーク ……………………… *160*

SNSで発信をはじめよう ……………………… *162*

インフルエンサー系の実績の作り方 ……………………… *164*

他人と比べて落ち込んだ時は？ ……………………… *167*

LESSON 6
副業から本業へ！
収入が安定するビジネス構築

収入を安定させるための考え方 ……………………………………… *170*

オンラインレッスンや講座を軌道に乗せよう
〜教える系の長期契約〜 …………………………………………… *172*

    1. 回数券方式 ……………………………………………………… *173*

    2. 月額方式（オンラインサロン型） …………………………… *174*

    3. 長期講座方式 …………………………………………………… *175*

料理教室の単価の上げ方 …………………………………………… *176*

プロへ昇格して本格フリーランスに！
〜やってあげる系の長期契約〜 …………………………………… *178*

価格交渉を成功させるコツ ………………………………………… *180*

実績はどんどん外に出していく …………………………………… *182*

1人で全部をやらなくても大丈夫 ………………………………… *184*

おわりに ……………………………………………………………… *188*

巻末特典 ……………………………………………………………… *191*

33

LESSON 1
料理／栄養系の在宅ワークって？

LESSON 1

料理／栄養系の在宅ワークって？

food side job from home

料理/栄養系の在宅ワークって本当にできるの？

在宅ワークで、料理/栄養系のお仕事って初めて聞きました！ 本当にできるんですか？

今の時代「オンライン」でできることが多くあるので、料理/栄養系の分野も在宅ワークができますよ。

　料理や栄養のお仕事というと、どんなイメージが湧きますか？

　人によってイメージするお仕事は異なると思いますが、料理人や、栄養士さんを思い浮かべる方が多いようです。

　レストランなどの飲食店で、シェフとして美味しい料理を作って提供したり、栄養士として病院などで栄養相談を受けたり、献立を考えたりなど、食の楽しみや健康維持のために現場で働く人、という印象が強いと思います。

　食に関わることが好きな方にとって、好きなことに携われて感謝され、さらにお金までいただけるこれらのお仕事は、とても魅力的です。

　ですが、現場でのお仕事は基本的に肉体労働が多めです。勤務時間は決まっていて、勤務場所まで出勤しなくてはなりません。

　私自身も、料理のお仕事を始めてみようと思った初期の頃

は、料理人としてケータリングのお仕事を副業で行っていました。

　やりがいはありましたが、妊娠・出産をきっかけにお仕事を受けるのは難しくなりました。重い荷物を持って遠くまで行き、夜遅くまで動くような働き方では、妊娠中の体調不良や、産後の育児と、両立することができなかったからです。

「育児と両立できる食の仕事はないのかな」

　別の働き方を模索しながら学びを決意し、そして「食」×「オンライン」という道に辿り着きました。

　実は「オンライン」を組み合わせると、在宅でできる料理栄養系のお仕事は、一気に広がります。

　冒頭でもご紹介したレシピ開発、フード記事の執筆、オンライン料理教室、料理動画制作、料理写真撮影代行、料理系 SNS 発信、食育講座、食事指導など、これらのお仕事は、すべて在宅ワークが可能です。

　さらに、これらのお仕事は料理人としての経験や栄養士の資格が必ずしも必要なものではありません。

　特別な経験がなくても、未経験からでも挑戦できるお仕事です。

LESSON 1

料理／栄養系の在宅ワークって？

food side job from home

料理や栄養に関する資格は必要？

食の仕事に憧れていたけど何も資格を持っていないんです。まずは資格をとった方が良いですか？

食の在宅ワークをする上で、資格は必須ではありません。それよりも実績を作ることが大事です！

　料理や栄養の仕事というと、未経験の方は、まずは資格をとらないと！　と思う方が多いようです。ですが実際のところ、食の資格は必ずしも必要ありません。

　もちろんすでに、何らかの食の資格をお持ちの方は、資格を活かして仕事をすることができますが、食の在宅ワークには、特に資格がなくてもできるお仕事が多くあります。

　例えば、フード記事の執筆、オンライン料理教室、料理動画制作、料理写真撮影代行、料理系 SNS 発信、レシピ開発、ダイエット指導など、これらのお仕事を行うために資格は必須ではないのです。

　なぜなら、お仕事を依頼する人（お金を払う人）が重視しているのは、資格よりも「実績」だからです。

　もちろん資格をアピールして強みにすることはできますが、残念ながら単に資格を持っている「だけ」では仕事に繋がることはありません。

ですが、多くの方が食の仕事を始めるには、まずは資格をとらないといけないと勘違いしているようです。
　私自身もかつて、食の資格講座をたくさん受講して、資格をとっていた時期がありました。

　大学卒業後に、栄養士の資格だけはありましたが、実務経験もなく不安だったこともあり、OL生活の傍ら、フードコーディネータースクールに通い、まずはフードコーディネーターの資格をとりました。
　さらに、通信教育や短期間の講習で「〇〇アドバイザー」「〇〇マイスター」などの資格が取れる講座を、手当たり次第に受けていた時期がありました。

　たくさんの資格をとったものの、当時は、単に資格をとった「だけ」で終わってしまうことがほとんど。
　次に何をしたらいいのかもわかっておらず、「調理のスキルを高めるために、まずは飲食店などの現場で働いた方がいいのかな…」「管理栄養士の資格もとった方がいいのかな…」など色々考えてみるものの、全くお仕事には繋がらず…そんな日々が続いていました。

　ですがその後、フリーランスとして活躍する方や、副業で成功している方にお話を聞く機会が多くあり、やっと気がつきました。

　それは副業やフリーランスなど、雇われて収入を得るのではなく個人事業をやっていく場合は、個人事業を起こすためのやり方があった、ということ。

　例えば、営業や集客の仕方などの、お仕事の取り方、サービス

料理／栄養系の在宅ワークって？

の作り方、単価アップの方法、など、いわゆるビジネススキルの部分でした。

　個人で副業やフリーランスを目指すということは、自分で事業を立ち上げるということ。事業を起こすためのやり方を全く知らなければ、できないのも当然です。
　今考えると当たり前のことなのですが、当時の私は、完全にそこが抜けていました。

　そこからやっとビジネススキルの必要性に気がつき、本格的に学んでからは、徐々に仕事がとれるようになり、見える世界が変わっていきました。
　副業からスタートしたお仕事も、だんだんと本業と同じぐらいの収入が得られるようになりました。独立してフリーランスになることを決意したのも、この頃です。
　その後、子供が生まれて働き方をオンラインにシフトしましたが、それができたのも、基本的なビジネススキルが備わっていたからです。

「資格をとること」自体は、悪いことではないと思います。学歴と同じように、自分がこれまでに勉強したことの証明になるので、メリットもあります。私自身も色々な民間資格をとりましたが、後悔はしていません。

　ですが、個人事業をしていく場合、必ずしも学歴が高い人が活躍しているわけでは無いのと同じように、資格があれば活躍できるわけではないです。

　資格は確かに、あればプラスになるかもしれませんが、もっ

と大事なことは、仕事への繋げ方などのビジネススキルを学び、信頼される実績を作ることです。

料理／栄養系の在宅ワークって？

food side job from home

働き方は自由自在

平日はフルタイムで仕事をしているので、まとまった時間がとれません。土日や空いた時間だけでも始められますか？

食の在宅ワークは、働く時間や場所、仕事内容もすべて自分で決められます。まずは空いてる時間だけで始めることもできますよ。

料理／栄養系の在宅ワークは「この時間だけ働きたい」が叶う仕事です。

当然、打ち合わせやレッスンなどのお客様対応の仕事を受ければ、「お客様が稼働している日中に連絡が返せないと困る」ということもあります。

とはいえ、お仕事内容が幅広いので、日中すぐに対応できなくても良い仕事もたくさんあります。

実際に私も、育児が特に忙しかった頃は、「締め切りさえ守ってくれれば、いつ作業しても OK」といった、日中常に稼働しなくても良い仕事を選んで受けていました。

例えば、フード記事の執筆は、期日までに食に関する文章を書いて納品をするお仕事です。

締め切りさえ守ればいつ作業しても OK なので、自分のライフスタイルに合わせて、好きなタイミングでお仕事ができます。

OL さんであれば、本業のお仕事が終わったあとに、お気に入りのカフェで一息つきながら作業するのも良いですし、

通勤時間を利用して、スマホでお客様に返信作業をすることもできます。

　育児中の方であれば、子供のお昼寝中や夜寝たあとの時間を使って自宅で作業したり、習い事先まで送迎し、待っている間に作業をするなど、日常生活での隙間時間を有効活用できます。

　さらに、場所が関係ないということは、地方や海外に住んでいる方でも、同じようにチャンスがあるということ。

　私自身も第一子の出産後は、一時的に海外に住んでいました。
　日本での現場仕事はできませんでしたが、その頃から、徐々に食の在宅ワークを進めていたおかげで、海外で子育てしながらでもオンライン上でお仕事を継続することができました。
　スクール生にも、地方に住みながら仕事をする方や、ワーキング・ホリデー中で海外にいる方、ご家族の転勤等で引っ越したあとも、オンラインで変わらずに食の仕事をされている方が数多くいます。

　このように、いつでもどこでも好きなことを仕事にできる食の在宅ワークは、様々なライフイベントとも両立しやすく、無理なく自分らしく働くことができる、これからの時代に合った新しい働き方です。

LESSON 1

料理／栄養系の在宅ワークって？

food side job from home

パソコンやWEBが苦手でもできる？

今までパソコンを使ったお仕事経験がほとんどないです。WEBが弱いので、オンラインのお仕事に不安があります。

食の在宅ワークに高度なWEBスキルは必要ありません。私も苦手でしたが、使い方を知って慣れたらできるので、難しいことはないですよ。最初はスマホだけでもOKです！

　WEBやITというと、難しそうなイメージを持たれる方も多くいると思います。時々、プログラミングやウェブデザインの知識まで必要なのかと聞かれることもありますが、そういった専門的なWEBスキルは、食の在宅ワークをする上で全く必要ありません。

　最低限のパソコンの使い方、Zoomの使い方、Wordで文字入力する方法、決済ツールの設定、など主にツールの使い方をマスターすれば問題ないです。

　聞き慣れないツールを耳にすると、最初は難しそうに感じるかもしれませんが、実際は、やればできるようになります。
　Wordでの文字入力、Zoomでのオンライン会議などは、今時、事務職の新人アルバイトさんが、最初の研修で覚えるくらいの内容なので、そこまで難易度の高いことではありません。

万が一わからなかったら、人に聞きながらやっていくこともできますし、設定などは代行してやってもらうこともできます。

　私自身も、そんなに WEB が得意な方ではなく、副業として始めた当初はパソコンで資料作りなど、ほとんどしたことが無かったです。
　主催スクールの生徒さんも、最初から WEB が得意という方は、ほとんどいません。中にはパソコンを触ったことがありません、という方もいらっしゃいました。

　ですがそんな方でも、最初の頃こそ、たくさん質問をいただいてサポートさせていただくのですが、一度やり方を覚えて使いこなせるようになると、その後はドンドン自分でできることが増え、在学中にオンラインで食のお仕事を取るところまで達成されていました。

　ちなみに、これからお伝えする「実績を作る」段階までは、パソコンなしのスマホだけで進めることもできてしまいます。

　実際にこれまでのスクール生でも、まだパソコンも持っていなかったにも関わらず、学習を進めてスマホだけでスキルを取得し、なんとそのままスマホだけで、料理動画制作のお仕事案件を獲得して、お金をいただくことができた方もいます。

　今パソコンを持ってない、持ってはいるけど使い方がわからないという方は、まずはスマホ 1 台でスタートすることも可能です。

　単価を上げて、本格的に副業やフリーランスとして事業を行いたい！　という段階になったら、確かにスマホだけでは限界があ

料理／栄養系の在宅ワークって？

るので、パソコンが必要にはなっていきます。

ですが、初めの一歩の初期段階では、スマホだけでできることもたくさんあります。

具体的なやり方はこれからお伝えしますが、まずは「パソコンがないから無理…」「WEBが苦手だから自分にはできない」といった思いを捨てていただき、「スマホ1台しかなくても、人生を変える選択肢がある」という事実を知って、先に進んでいきましょう！

あなたはどれがお好み？ 3種の働き方

料理/栄養系の在宅副業にはどんな種類があるんですか？

 大きく分けると「教える系」「やってあげる系」「インフルエンサー系」の3つの種類があります！

まずは料理／栄養系の在宅ワークにどんな働き方があるのかを見ていきましょう。最初に働き方を知ることで、自分に置き換えた場合のイメージがしやすくなります。料理／栄養系の在宅ワークは、大まかに3種類のお仕事があります！

教える系の食の在宅ワーク

オンライン料理教室、食事指導、ダイエット講座、食育講座、etc.

など、お客様に何かレッスンをしたり、アドバイスをしたりなど、お客様に対して「教える」ことで価値を提供するのが、教える系の働き方です。

教える系のレッスンや指導は、Zoom などのアプリを使えばオンラインで行うことができます。

人に教えたり、人と関わってお話をするのが好きな方、自分がこれまで学んできた知識や経験を人に伝えたい方には、特に向いています。

LESSON 1 料理／栄養系の在宅ワークって？

　とはいえ、レッスンや会話は慣れなので、今は教えるのが得意ではないという方でもコツを押さえればできるようになります。

　料理教室をやってみたい気持ちはあるけど「人前でしゃべるのが苦手…」「レッスンや講座を行った経験がないから不安…」という方でも、練習さえすれば、できます。

　実際、私自身も元は話すのが得意な方ではありませんでしたが、何度も繰り返し行って慣れたことで、今では大勢の前でレッスンをしたり、セミナーを行ったり、YouTube で話し続けたり…などができるようになりました。

　教える系に苦手意識がある方に、おすすめの方法としては、まずは自分にとって最もハードルが低くできそうな方法でやってみることです。

　1対多数のオンライン料理教室で緊張してしまいそうなら、まずは1対1の個別レッスンからやってみるのがおすすめです。
　個別であれば、お客様とゆっくりと自然に会話ができ、少々間があっても焦ることはありません。
　それでも緊張しそうという場合は、レッスンを動画にして、文面で質問や相談を受け付けるという方法もあります。

　誰でも1番最初は、何もかもが初めての状態。だからこそ、できるだけ自分の中でやりやすい方法で進めて、まずは1回でもレッスンを開催した！　という体験を得ていきましょう。

やってあげる系の食の在宅ワーク

食レポ記事や栄養コラム記事、レシピ記事などフード記事の執筆、料理動画の制作、レシピ開発、料理写真の撮影代行、etc.

自分が得意なことを、お客様の代わりにやってあげるのが、やってあげる系の働き方です。

例えば、お客様から「料理動画を作ってください」と頼まれたら、ご要望に沿った料理動画を制作し、それを納品することで報酬をいただくという流れです。

創作をするのが好きなクリエイタータイプの方、家で黙々と作業したい方は、やってあげる系がしっくりと来る場合が多いです。

やってあげる系のお仕事の最大のメリットは、収益化がしやすいことです。

もちろん、受ける仕事内容や、スキルがどれだけあるかによって変わってきますが、教える系のようにレッスンや講座などのサービス作りを、自分で行う必要はありません。

お客様に「これを代わりにやって欲しい」と言われたことだけをやれば良いので、副業初心者には取り組みやすいです。

また多くの場合、やってあげる系は顔出しをする必要がありません。

フード記事の執筆、料理動画の制作などは、どちらかというと「裏方のお仕事」なので、教える系の料理教室のように、自分が

料理／栄養系の在宅ワークって？

表に立って「お店の顔」のようにならなくても仕事ができます。

営業のために顔出しをした方が良いという場合もありますが、それはやり方次第で、必須ではないので選べます。

マネタイズ（収益化）を早くしたい方や、できれば顔出ししたくない方、副業未経験の方は、まずはやってあげる系から取り組んでみると、意外とスムーズに進むことが多いです。

インフルエンサー系の食の在宅ワーク

料理/栄養系 YouTuber、料理系インスタグラマー、料理研究家、etc.

インフルエンサー系の働き方は、主に Instagram や YouTube、ブログなどでの発信活動で、主な収入源は案件収入や広告収入などになります。

SNS でフォロワーを増やし、インフルエンサーとして影響力を持てるようになると、企業側から「うちの商品をあなたの SNS で紹介してもらえませんか？　紹介してくれるなら〇〇円払います」といったお声がかかることがあります。これが PR 案件と呼ばれるものです。

また、YouTube であれば、ある程度の登録者数までチャンネルを育てると、動画に広告を貼ることができるようになるので、広告収入を得られます。

他にも、アフィリエイト広告という成果報酬型の広告を使

うこともできます。

　アフィリエイト広告とは、自分の SNS やブログで商品紹介をして URL を貼り、見てくれた方が URL をタップして、商品購入すると自分の元に報酬が発生するといった仕組みの広告のことです。

　SNS が好きな方、有名になってメディアに出たりレシピ本を出したい方には特に向いていると言えます。

　このようにお伝えすると、顔出しは必須なのかな？　と思われがちですが、料理系インフルエンサーも、顔出しは必須ではありません。

　実際、Instagram や YouTube で、色々な料理アカウントを見ていただくと、顔を隠してニックネームで発信しているアカウントを見かけることがあると思います。

　メリットがたくさんあるように思えるインフルエンサー系ですが、注意点もあります。

　それは、収益化できるまでには、それなりの時間と労力がかかること。

　インフルエンサー業、1本で生計を立てられるくらいになるには、相当なフォロワー数が必要です。

　元々、有名人でない限り、数週間や数ヶ月でインフルエンサーなれることはないので、継続的にコツコツと自分の SNS やブログを育てていく必要があります。

　最初のうちは
「せっかく時間をかけて投稿したのに全然いいねがつかない」
「フォロワーが全く増えない」

51

料理／栄養系の在宅ワークって？

「こんなに頑張ったのに1円の収入にもならない」
という状態が続くこともあります。

気軽にできるように見えるので、たくさんの人が参入しますが、結果が出るのに時間がかかるため、モチベーションが続かなくなって、やめてしまう人が非常に多いです。

そこで、初期の頃はできれば、他の収入を得やすいお仕事と、並行しながらやっていくことをおすすめします。

これまでたくさんの方のサポートを行ってきましたが、ゼロスタート方の場合、やってあげる系や教える系の方が、マネタイズ（収入を得られる）までのスピードが早いです。

少しでも収入が得られると、続けるモチベーションが保たれますし、お金をもらっているという事実があることで、プロ意識も高まります。

もちろん、SNSやブログを育てることは、長期的に見ると、どの分野でも重要です。
教える系でレッスンをする際の集客の場としても、やってあげる系で仕事を取るための営業ツールとしても、大いに活用できるからです。
ですが、期待をしすぎてしまうと、挫折をしてしまう原因にもなるので、まずは現実的な方法でマネタイズをしながら、少しずつアカウントを育てていくのが正解といえます。

food side job from home

料理/栄養系の在宅副業タイプ別 チェックシート

お仕事の種類は何となくわかったけど、自分の場合は何が良いのか、まだしっくり来ないです…

 仕事内容がわからないと想像することが難しいので、ここからは具体的なお仕事について見ていきましょう！ 向いているかどうかのチェック項目もあるので、何個当てはまるか数えてみてくださいね。

1. 料理講師

◆タイプ：教える系◆

◆お仕事内容◆

　オンライン料理教室などのレッスンを行うお仕事です。料理が好きな方、人と関わることが好きな方にはぴったりのお仕事です。

　オンラインの場合、スマホカメラやZoomなどのアプリを利用して、リアルタイムで開催することが多いですが、レッスンの様子を動画化して、動画講座にする方法もあります。

料理／栄養系の在宅ワークって？

人気教室になれば、メディアに取材されたり、レシピ本を出版したり、企業から外部講師として、仕事を依頼されることもあります。

集客や教室運営は自分で行う必要があるので、それに伴う知識を身につけていきましょう。

なお、料理教室というと、広いキッチンが必要なのでは？と思われがちですが、オンライン料理教室の場合、キッチンが狭くても問題ありません。理由は、必ずしもキッチンを映す必要がないからです。

例えば料理のデモンストレーションをする時は、俯瞰撮影といって、上にスマホを置いて、手元だけが映るようにすれば、キッチン全体は映りません。

デモンストレーションが終わったあとにお客様とお話しする場面では、Zoomのバーチャル背景をつければ、自宅の背景を映さずに済みます。

◆ 安定収入までの行動ステップ ◆

STEP1 ▷ スキルを補う

料理教室を行うためのレシピの作り方、告知するための写真の撮り方、配布資料の作り方、教室の開催方法、集客方法など、足りないスキルや知識を補いましょう。

STEP2 ▷ 実績を作る

初めての場合は、まずは練習会から。次に単発レッスンで、料理教室の実績を作りながら、長期的にどんなコンセプトの教室にしたいかなどを考えます。

STEP3 ▷ SNS 発信で集客

SNS を使って自分がやっていることや、料理のこと、お役立ち情報などを発信！　SNS 発信でフォロワーを増やし、集客ができるように自分メディアを育てていきましょう。

STEP4 ▷ 単価を上げる

お客様から指名される存在になるように、自分の教室や講師としての見せ方を考えて価値を高めましょう。さらに、レッスンの様子を動画化して動画講座にしたり、コラムを配信するなど、付加価値を作るのも単価アップに繋がります。

STEP5 ▷ 長期サービスを作る

月謝制や会員制にしたり、半年間のコースにしたり、単発ではなく長期で継続的に関わってもらえるサービスを作りましょう。長期で通ってくれるお客様が増えれば、収入も安定していきます！

◆ 向いている度：いくつ当てはまるかチェック！◆

　　□ 料理をすることが好き
　　□ 人と話すのが好き
　　□ 自分の知識や経験を伝えていきたい
　　□ 教えるのが好きまたは得意
　　□ よく悩み相談を受けることがある
　　□ 先生と呼ばれてみたい
　　□ 自分のオリジナルサービスを作りたい
　　□ マネタイズはそこまで急いでいない
　　□ 顔出しできる
　　□ 料理教室を開くことに興味があった

チェックの数＿＿個

料理／栄養系の在宅ワークって?

2. 食事指導・栄養指導

◆ タイプ：教える系 ◆

◆ お仕事内容 ◆

食を通じて健康のサポートをします。お客様のライフスタイルに応じて、献立を考えたり、美容やダイエットに特化したメニューを考えたり、健康的な食生活を楽しめるよう、食事指導やダイエットのサポートなどを行います。

オンラインの場合は、Zoom アプリを利用してカウンセリングを行ったり、メッセージのやり取りで食事指導をしたりなど、方法は様々です。

個別サポートという形で月謝制（サブスク）にしたり、1対多数の講座形式にしたりと、自由にサービスを作っていくことができます。

料理教室と同じく、集客や運営は自分で行う必要があるので、それに伴う知識を身につけていきましょう。

食事指導は、栄養士や管理栄養士の資格保有者が多いですが、必ずしも資格が必要というわけではありません。

特にダイエットの食事指導など、個人向けサービスは、資格がなくても知識さえあれば取り組むことが可能です。

◆ 安定収入までの行動ステップ ◆

STEP1 ▷ スキルを補う

食事指導において必要となる、献立提案をするためのレシピの作り方、配布資料の作り方、食育発信するための SNS の使い方、集客方法など、まず足りないスキルや知識を補いましょう。

STEP2 ▷ 実績を作る

初めての場合は、お試し開催から。次に単発でカウンセリングや講座を開き、お客様と関わりながら、長期的にどんなコンセプトで活動したいかを考えていきます。

STEP3 ▷ SNS 発信で集客

SNS を使って自分がやっていることや、お役立ち情報などを発信！ SNS 発信でフォロワーを増やし、活動に興味を持つ人が増えるように自分メディアを育てましょう。

STEP4 ▷ 単価を上げる

お客様から指名される存在になるように、自分の見せ方（ブランディング）を考えて価値を高めましょう。

さらに、講義の様子を動画化して動画講座にしたり、コラムを配信するなど、付加価値を作るのも単価アップに繋がります。

STEP5 ▷ 長期サービスを作る

会員制や毎月の月謝（サブスク）にしたり、半年間のコースにしたり、単発ではなく長期で継続的に関わってもらえるサービスを作ります。長期で通ってくれるお客様が増えれば、収入も安定していきます。

料理／栄養系の在宅ワークって？

◆向いている度：いくつ当てはまるかチェック！◆

- ☐ 栄養や美容/健康に関することに興味がある
- ☐ 栄養や美容/健康に関する資格を持っている
- ☐ 人と話すのが好き
- ☐ 自分の知識や経験を伝えていきたい
- ☐ アドバイスするのが好きまたは得意
- ☐ よく悩み相談を受けることがある
- ☐ 自分のオリジナルサービスを作りたい
- ☐ マネタイズはそこまで急いでいない
- ☐ 顔出しできる
- ☐ 食事指導の仕事に興味があった

チェックの数＿＿＿個

3.フードライター

◆ **タイプ：やってあげる系** ◆

◆ **お仕事内容** ◆

食に関する様々な情報を、記事にするお仕事です。

フード記事は主に3種類あり、①レシピを紹介する記事、②栄養/美容についてまとめる記事、③食べ物の感想を書く食レポ記事、があります。

フード記事執筆は、比較的お仕事獲得までのスピードが早いので、少しでも早く実績が作りたい方や、早くマネタイズ（収益化）がしたい方にもおすすめです。

執筆というと、文章力が何より必要と思われがちですが、レシピ記事と食レポ記事においては、実は、文章以上に「料理写真」が大事になります。

理由は、レシピ記事と食レポ記事は、料理のビジュアルでクリック率などが変わるからです。

料理紹介の場合は、どんなに記事の内容が良くても、文章以上に料理の写真の印象から情報を得ることが多いです。

LESSON 1　料理／栄養系の在宅ワークって？

　なお、文章力がないこと心配される方もいますが、フード記事の場合は、小説家のような文章力は求められていないので大丈夫です。

　フード記事の執筆には、種類ごとに書き方のパターンがあり、それを身につけることで、初心者の方でも割と短期間で書けるようになります。

◆ 安定収入までの行動ステップ ◆

STEP1 ▷ スキルを補う

　フードライターとして記事を書くための、文章の書き方、レシピの書き方、記事に掲載するための料理写真の撮り方、お仕事の取得方法など、まず足りないスキルや知識を補いましょう。

STEP2 ▷ ポートフォリオ（作品）を作る

　クライアントからお仕事を依頼されるためには、自分がどんな記事を書けるのか、お客様にサンプルを掲示し、信頼を得ることが大切！

　そのためにまずは、提案用の記事を書きためて、ポートフォリオを作りましょう。

STEP3 ▷ 実績を作る

　食のプロとして認められるように、何かしらのお仕事に挑戦していきます！

　作成したポートフォリオをもとに、クラウドソーシングサイトなどで営業活動をしていくのがおすすめ。

STEP4 ▷ SNS 発信で単価を上げる

　SNS を使って自分の活動や、お役立ち情報などを発信！

SNS 発信でフォロワーを増やし、活動に興味を持つ人が増えるように自分メディアを育てましょう。

発信によりお客様から指名される存在になると、単価アップにつながります。

STEP5 ▷ 収入の柱を作る

単発で何かお仕事を依頼してくれた人に、長期で継続的に関わってもらえる長期契約を提案をしていきます。

◆ 向いている度：いくつ当てはまるかチェック！◆

□ 文章を書くことにそこまで苦手意識はない

□ レシピを考えることに興味がある

□ 飲食店を巡ったり、グルメレポを書くことに興味がある

□ 栄養や美容 / 健康に関する知識がある

□ 黙々と作業するのが苦ではない

□ どちらかというと人と一緒にいるより 1 人の時間が欲しい

□ 顔出ししなくても良い仕事がしたい

□ 早めに収益化がしたい

□ ブログを書いたことがある

□ フードライターに興味がある

チェックの数＿＿個

料理／栄養系の在宅ワークって？

4.料理動画クリエイター

◆ **タイプ：やってあげる系** ◆

◆ **お仕事内容** ◆

料理動画の制作をしてクリエイターとして活動するお仕事です。

今は動画の時代と言われており、動画市場はどんどん伸びています！

SNSの発信は、動画が中心となってきてるので、Instagram用のリール動画を作って欲しい、TikTok用の料理動画を作って欲しい、YouTube向けの本格的な料理動画を作って欲しい、といったニーズがあります。

料理だけができる人、動画編集だけできる人は、世の中にすでにたくさんいますが、レシピ作成から調理・料理撮影までできて、さらに動画の編集まで全部できるという人は、そこまで多くいません。そういった背景から、料理動画が作れる人はまだ限られているので、スキルが身につくと重宝される確率が高いです。

動画編集というと、ものすごく難しそうなイメージを持たれる方もいますが、編集ソフトさえ選べば、意外と感覚的にできます。

　料理動画の場合、編集はシンプルなものが多く、動画編集スキルはそこまで高度なものは求められません。それよりも料理の映像の方が大事になるので、料理の盛り付けや、フードスタイリングを学んで、美味しそうな映像が撮れると良いです。

◆ 行動ステップ ◆

STEP1 ▷ スキルを補う

　料理動画クリエイターして動画を作るための、料理動画の撮り方、フードスタイリング、動画編集の仕方、お仕事の取得方法など、まず足りないスキルや知識を補いましょう。

STEP2 ▷ ポートフォリオ（作品）を作る

　クライアントからお仕事を依頼されるためには、自分がどんな動画が作れるのか、お客様にサンプルを掲示し、信頼を得ることが大切！

　そのためにまずは、提案用の記事を書きためて、ポートフォリオを作っていきます！

STEP3 ▷ 実績を作る

　食のプロとして認められるように、何かしらのお仕事に挑戦してみよう。

　作成したポートフォリオをもとに、まずはクラウドソーシングサイトなどで営業活動をしていくのがおすすめです。

STEP4 ▷ 単価を上げる

　SNS を使って自分の活動や、お役立ち情報などを発信！　SNS

料理／栄養系の在宅ワークって?

発信でフォロワーを増やし、活動に興味を持つ人が増えるように自分メディアを育てていきます。

発信によりお客様から指名される存在になると、単価アップに繋がります。

STEP5 ▷ 収入の柱を作る

単発で何かお仕事を依頼してくれた人に、長期で継続的に関わってもらえる長期契約を提案をしていきます。

◆ **向いている度：いくつ当てはまるかチェック！** ◆

☐ 動画にそこまで苦手意識はない
☐ 何かしら動画を作ったことがある
☐ 料理撮影の仕事に興味がある
☐ レシピを考えることに興味がある
☐ 創作や作品作りが好きな方だ
☐ 黙々と作業するのが苦ではない
☐ どちらかというと人と一緒にいるより
　１人の時間が欲しい
☐ 顔出ししなくても良い仕事がしたい
☐ 食分野に限らず使える副業スキルが欲しい
☐ 料理動画クリエイターに興味がある

　　　　　　　　　　　　　　チェックの数____個

5.料理/栄養系インフルエンサー

◆タイプ：インフルエンサー系◆

◆お仕事内容◆

　食分野で自分が広めたいことや、料理のレシピ、食に関する情報を、SNS やブログを使って発信します。

　発信を続けてフォロワーを増やし、インフルエンサーとして認められるようになると、PR 案件（事業主から商品紹介などの依頼を受ける）の依頼が来ることがあり、収入源になります。
　他にも自分のサイトや動画に広告を貼ることで、広告収入を得られることもあります。

　有名になって知名度が高まれば、レシピ本を出版したり、雑誌などの特集でレシピを考えたり、料理番組を担当したりなど、料理家として活動することも可能になります。

　インフルエンサーになるには、発信活動を通して質の高いフォロワーを集め、影響力を得ることが一番です。
　そのためには、SNS やブログでどんな投稿が伸びるのかを研究

料理／栄養系の在宅ワークって？

することと、自分自身の見せ方（ブランディング）もしっかりと考えていくと良いです。

また SNS やブログを伸ばすには、投稿をコツコツと続けていく必要があります。

あまり短期で考えすぎず、自分の SNS やブログを、長期的に育てていく覚悟を持ってやっていきましょう。

◆ 行動ステップ ◆

STEP1 ▷ スキルを補う

食のインフルエンサーになるために、発信するための SNS の使い方、レシピの書き方、料理写真の撮り方、文章や動画での伝え方、お仕事取得方法など、まず足りないスキルや知識を補いましょう。

STEP2 ▷ SNS で発信

自分が発信していきたい内容を決めて、SNS で発信していく。文章で伝えたり、動画で伝えたり、反応を見ながらフォロワーを増やし、自分メディアを育てていきましょう。

STEP3 ▷ 実績を作る

食のプロとして認められるように、何かしらの食のお仕事に挑戦してみましょう。

まずはこれまでに作成した食の記事や動画などのコンテンツを集めてポートフォリオ（作品集）を作り、それをもとに、クラウドソーシングサイトなどで営業活動をしていくのがおすすめ。

STEP4 ▷ 広告収入や案件取得

自分メディア（ブログサイトや YouTube 等）で広告を貼り、広告収入を得られるようにしていきます。さらに発信強化して影響力をつけたり、実績を増やして案件取得に繋げましょう。

STEP5 ▷ 長期の案件契約

単発で何かお仕事を依頼してくれた人に、長期で継続的に関わってもらえる提案をしていきます。

長期契約ができると、収入も安定するようになります。

◆ 向いている度：いくつ当てはまるかチェック！◆

☐ SNS 発信に興味がある

☐ レシピ本を出版したい

☐ どちらかというと稼ぐよりも有名になりたい

☐ 自分の中で SNS で発信したいテーマがある

☐ 料理撮影やレシピ考案に興味がある

☐ 黙々と作業するのが苦ではない

☐ 決めたことをコツコツと続けられる方だ

☐ すぐに収益化できなくても良い

☐ 副業禁止なのでできることから進めたい

☐ 料理系インフルエンサーに興味がある

チェックの数＿＿個

料理／栄養系の在宅ワークって？

6.フードコーディネーター

◆ タイプ：やってあげる系/インフルエンサー系 ◆

◆ お仕事内容 ◆

　食のプロとして、レシピを作成したり、料理写真を撮ったり、レシピ記事を書いたり、料理動画を作ったりなど、1つのお仕事に限らず、お客様のニーズに合わせて対応します。

　最近では、様々なスキルを組み合わせて、臨機応変に対応できるフードコーディネーターが求められています。
　特に、レシピ作成や料理の盛り付け、フードスタイリングなどは、フードコーディネーターを名乗る以上、どの食のお仕事でも求められるので、身につけておくと良いです。

　また、自分自身に発信力があると、SNSやブログ経由で受注ができたり単価も上げやすいので、SNSやブログなどの自分メディアを作るのもおすすめです。

◆ 行動ステップ ◆

STEP1 ▷ スキルを補う

　フードコーディネーターとして仕事ができるように、レシピの書き方、料理写真の撮り方、フード記事の書き方、料理動画の作り方、お仕事の取得方法など、まずは興味のある分野や、一番足りないと思う内容から学んで、スキルや知識を補いましょう。

STEP2 ▷ ポートフォリオ（作品）を作る

　クライアントからお仕事を依頼されるためには、自分はどんなものが作れるのか、お客様にサンプルを掲示し、信頼を得ることが大切！

　そのためにまずは、提案用のフード記事や料理動画、料理写真やレシピなどをまとめて、ポートフォリオを作りましょう。

STEP3 ▷ 実績を作る

　食のプロとして認められるように、何かしらのお仕事に挑戦していきます。

　作成したポートフォリオをもとに、まずはクラウドソーシングサイトなどで営業活動をしていくのがおすすめ。

STEP4 ▷ 単価を上げる

　SNS を使って自分の活動や、お役立ち情報などを発信！　SNS発信でフォロワーを増やし、活動に興味を持つ人が増えるように自分メディアを育てます。

　発信によりお客様から指名される存在になると、単価アップに繋がります。

STEP5 ▷ 収入の柱を作る

　単発で何かお仕事を依頼してくれた人に、長期で継続的に関

料理／栄養系の在宅ワークって？

わってもらえる長期契約を提案をしていきます。さらに、1つの分野で収入の柱ができたら、別の分野にもチャンレンジするなど、複数スキルを組み合わせると、お仕事の幅を広げることができます。

◆ **向いている度：いくつ当てはまるかチェック！** ◆

□ 創作や作品作りが好きな方だ
□ 1つの仕事に絞らず色々やってみたい
□ レシピ考案や料理撮影の仕事に興味がある
□ 器や小物を集めるのが好き
□ テーブルコーディネートに興味がある
□ 黙々と作業するのが苦ではない
□ どちらかというと人と一緒にいるより
　1人の時間が欲しい
□ 顔出ししなくても良い仕事がしたい
□ SNS 発信に興味がある
□ フードコーディネーターの仕事に興味がある

チェックの数＿＿個

何が向いてるのかわからない時

food side job from home

仕事内容が分かったら、色々やってみたくなりました！　向いてる度チェックで数字が同じものもあるし、何を優先したら良いですか？

そういう時は、まずは最初の一歩だけ、お試しで色々やってみるのがおすすめです。結局のところ、自分にしっくりくるかは、やってみないとわかりません。

　どんなお仕事でも、本当の意味で自分に向いているかどうかは、実際にやってみない限りはわからないものです。
　自分にはこれが向いていると思って始めてみたけど、やり始めたら向いていなかったとか、人からアドバイスをされて始めた仕事だけど、実は別の仕事の方がやりがいを感じたとか、やってみてから気づくことは多々あります。

　だからと言って、どのお仕事も全部を完璧にできるようになろうとするのは非効率です。

　そこで、まずは気になるお仕事はお試しでやってみるのがおすすめです。1から10までのスキルを身につけて極めるのは大変ですが、最初のほんの少しスキルを身につけるのであればそこまで時間はかかりません。

　少しでも体験をしてみて、これは自分に向いているなと思ったのならば、次は1を10にできるようにその分野を極めていくのがおすすめです。

LESSON 1　料理／栄養系の在宅ワークって？

　もちろん、すでに自分はこれをやりたいという確固たる思いがあるのであれば、色々試さなくても良いかもしれません。

　ですが、自分がやりたいこともわからず迷ってる状態では、なかなか1つのことに集中して、その分野を極めていくのが難しいです。

　色々な挑戦をするのは、自分の可能性を広げることにも繋がります。

　ほとんどの方は、自分がこれまでにやったことがないことや、身近な人もやっていないことは、自分には関係のない世界と、選択肢から外してしまう場合が多いです。

　ですが、これまでたくさんの方をサポートさせていただいた中で、最初は抵抗があったけど、やってみたら意外とできた！　という方をたくさん見てきています。

　文章を書いたことがないから 記事執筆はできないと思っていたけど、学んでやってみたら意外とやりやすくて、今ではフードライターとして 活動しています！　といった方。

　自分が料理教室をできるのか不安があったけど、やり始めたら楽しくて、今はオンライン料理教室を運営してます！　といった方。

　全く経験がないことでも、まずはお試しと思って少しでもやってみると、お仕事の選択肢も自分の可能性も大いに広がります。

　またこれからの時代は、1つのスキルだけよりも、複数のスキルも持ち、掛け合わせて色々できる方が成功しやすいと

言えます。

　例えば、料理教室であれば、昔は生徒さん向けにレッスンだけ
をしていれば良かったかもしれません。

　ですが今では、オンラインレッスンも取り入れた方が良いです
し、レッスンを動画化して動画講座としても視聴可としたり、動
画レッスンとして販売できるようにした方が、収益化しやすいで
す。

　さらに、今は集客のために、WEB を使うのは必須です。

　ホームページや SNS に教室の様子やメニュー写真を載せるな
ら、料理写真のスキルや、文章を書くスキルがあった方が、集客
が上手くいきます。

　食の在宅ワークに必要なスキルは別の章で詳しく解説します
が、これからの時代はスキルを組み合わせた方が優位と覚えてお
くと良いです。

73

料理／栄養系の在宅ワークって？

LESSON 2

料理／栄養系で在宅ワークの土台作り

料理／栄養系で在宅ワークの土台作り

food side job from home

未来の自分は、決めたもん勝ち

ワークをしたら、やってみたい「食」のお仕事が見つかって、ワクワクしました！ 憧れるけど、副業なんてやったことがないし、本当に自分にできるのかな…

まずは未来の自分を具体的にイメージしてみましょう！ 未来の自分の姿が見えるようになればなるほど、現実味が増していくはずです。
イメージができたら、自分はこうなると「決めて」ください。

　理想を手に入れるための最初の一歩は、未来の自分を具体的にイメージできるようになることです。

　なんとなく「こうだったらいいな〜」ではなくて、理想の未来の自分は、どんな仕事をしていて、どんな家に住んでいて、毎日どんな気持ちで起きて、どんな人に囲まれていて、…などをこと細かく考えてみてください。

　例えば、未来の自分は、副業が成功してフリーランスの料理家として、レシピ開発の仕事を自宅でしている。レシピ本の出版も決まった！

　広くて開放的なキッチンがある家に引っ越して、家の中は好きなものに囲まれている。

　家族との時間もしっかりとれるようになって、心に余裕がある。来月は家族みんなで旅行に行く！…など。

ここまでイメージができたら、次は「自分はこうなる！」と決めてしまってください。

　どんなに理想のイメージができても、実際に「じゃあ、それを叶えよう！」と思って、行動までする人は、実はとても少ないです。

「こんな風になれたらいいな」と思っても、直後に「やっぱり私には無理だよね」と、自分の心の声に蓋をして、諦めてしまう人がとても多いのです。
「私にはこれくらいが妥当」と思った人生は、本当にあなたが望んだ生き方ですか？

　自分の人生は、自分が「決めた」ものにしかならないです。
　なぜなら、今の自分は、自分で「決めて」きたことの繰り返しで作られているから。そして未来の自分も、これから自分が選択し、「決めた」ことの積み重ねで作り上げられていきます。

　自分の人生は自分に「決める」権利 があります。
　他の誰のものでもない自分の人生に、もっと責任を持って自分でしっかりと、これからのことを考えていきましょう！

　もし本気で願うなら、そうなると「決めて」ください。誰に遠慮するでもなく、自分のなりたいものになると「決める」こと。それこそが、夢を現実にする一番の秘訣です。

料理／栄養系で在宅ワークの土台作り

food side job from home

私にもできそうなことって？

やりたい気持ちは大きいのに、今は本業が忙しくて、時間がとれる気がしません…

新しいことを始める時に不安はつきものです。できない理由を考え始めると、いつまで経っても始められないので、「こうしたらできるかも！」というアイディアも同時に考えてみると良いです！

　何か新しいことに挑戦する時に、もう1つ大事なことがあります。それは「できない理由を並べない」ということ。
　新しいことを始めようとする時、ついつい「できない理由」を考えてしまいます。

　例えば「本業が忙しい」「時間がない」「お金がない」「子供がいる」など、やりたいけれど、「〇〇だから今はできなくて」といういわゆる「言い訳」を並べてしまう。そんな時は「どうしたらできるのか」も同時に考えてみてください。「できない」理由を1つ言ってしまったら、どうしたら「できる」かを3つ考えてみましょう。

　週末だけなら、料理教室の準備ができるかも！
　子供が寝たあとの2時間くらいなら作業時間にできるかも！
　パソコンが苦手だけどスマホの仕事ならできるかも！
　食の資格がないけど、資格不問の仕事ならできるかも！
　など、どうしたら「できる」かも考えてみると、意外と出

てるはずです。そうやって「できる」「やれる」をたくさん集めると、思い描いていた理想がだんだんと現実になっていきます。

　どれだけ小さな「できる」という気持ちも、たくさん積み重なって集まれば大きな「できる」になります。　それが自分の未来の姿に繋がっていきます。

　また、先ほどのワークで「どうやって実現するのかはわからないけど、何となく私にもできそう！」と思ったものは、「できる」のサインです。

　というのも、自分が絶対にできないことは「できそう」とは思わないからです。

　例えば、オリンピックで金メダルをとったスポーツ選手を見て、「自分も金メダルいけるかも！　目指してやってみよう！」と思いますか？

　日頃から本格的にスポーツをやっていて得意な方は、「できるかも」と思うかもしれませんが、私は元々運動神経があまり良くないので、オリンピック選手を見て、自分もメダルを取れるかもとはならないです…。

　つまり絶対に自分ができないことは、「できるかも」とは思いません。少しでも自分が「できるかも」と感じたことは、実現可能なことなんです。

　その「できる」をあなたが自分で積み上げていくことで、夢は現実になっていきます！

LESSON 2

料理／栄養系で在宅ワークの土台作り

food side job from home

・WORK・
「なりたい私」を書き出してみる

　質問に沿って、「なりたい私」を書き出してみてください。

書き出す時のルール

1. 本当に実現可能かは考えない

　本当に実現できるかどうかは、今は考える必要はありません。
「こうだったらいいな」と思うことを素直に書いてみてください。

2. 一瞬でも思いついたことは書く

　何か思いついたあとに「でもやっぱり…」と思っても、まずは思い浮かんだことを書いてみてください。心の声に蓋をしないのがコツです。

質問1：あなたはどんな環境で仕事をしたいですか？
　　　　　例：お気に入りのカフェ、自宅のリビング、お気に入りで囲まれた自分の部屋、旅行先のホテルラウンジ

質問2：あなたの理想の仕事スタイルを書いてみてくだい。
　　　　　例：午前中だけ仕事をして午後は家族との時間を過ごす

80

質問 3 ：あなたはどんな人に囲まれて仕事をしていたいですか？
　　　　例：尊敬できる人たち、嫌味や小言ばかり言わないポ
　　　　　　ジティブな人

**質問 4 ：あなたの「なりたいイメージワード」を書いてみましょ
　　　　う。**
　　　　例：ナチュラル、カッコいい、上品、ふんわり、ビュー
　　　　　　ティー、気さく

**質問 5 ：あなたの「好き」や「お気に入り」なことを書き出し
　　　　てみましょう。**
　　　　例：お菓子を作ること、料理本を見ること、カフェで
　　　　　　お茶をすること、海外旅行へ行くこと

**質問 6 ：本当はこれはしたくない！　と思っていることも書き
　　　　出してみましょう。**
　　　　例：満員電車に乗りたくない、上司から愚痴を言われ
　　　　　　たくない

**質問 7 ：あなたが素敵だなと思う女性は、どんな人でしょうか？
　　　　イメージして書いてみましょう。**
　　　　例：誰に対しても優しい、好きなことを仕事にしてい
　　　　　　る、こだわりのある素敵な家に住んでいる、健康
　　　　　　的な美しさ

　なりたい自分が明確になれば、あとはそれを実現するだけ。
　あなたの理想を叶えるための手段について、次の項目から学ん
でいきましょう！

81

料理／栄養系で在宅ワークの土台作り

food side job from home

まずはこれを押さえればOK！必須3大スキルとは

食の在宅副業をやってみることに決めました！まずは何をしたらいいですか？

食の在宅副業は、大きく分けて3つのスキルがあれば、ほとんどのお仕事ができるようになります！

　食の在宅副業をするために必要なスキルは、①食のスキル、② WEB スキル、③ビジネススキル、大きく分けてこの3つです。

　このように書くと「私は食の現場経験がないから食のスキルはない気がする。WEB も苦手だし、ビジネスの知識も全然ないんだけど…」と思われたかもしれません。

　私も事務 OL 時代はこれらのスキルを全く持っていませんでした。ですが、この3つのスキルは、食のお仕事が全くの未経験の方でも無理なく身につけていけるものなので安心して下さい。
　これから、それぞれのスキルについて詳しくを見ていきます。

1.食のスキル

　食のスキルというとすごく幅広いイメージがあるのではと思います。

試しに「食　資格」とインターネットで検索すると、数え切れ
ないくらいの様々な資格があるように、食に関する知識は、学ぼ
うと思えば、本当に終わりがないほどに学べます。

　ですが、食の在宅副業をする上で、必ずしも専門的な食の知識
がたくさん必要なわけではありません。
　どの仕事にも、ほぼ共通して必要な食のスキルは、実はたった
２つになります。
　それは「料理写真」と「レシピ制作」！

　なぜこの２つのスキルが大事なのかと言うと、本書の Lesson1
で紹介した食の在宅ワークの職種、ほぼすべてに共通して必須の
スキルとなってるのが、この「料理写真」と「レシピ制作」だか
らです。
　例えば、オンライン料理教室を行う場合、レッスンで作るメ
ニューの紹介として「レシピ」が必要になります。

　さらに、事前の告知では「今回はこんな料理を作ります」と「料
理写真」を載せて宣伝しますが、写真が残念な仕上がりだと、「あ
んまり美味しそうじゃないな」「プロっぽく見えないな」と思わ
れて、参加に繋がりにくくなってしまいます。

　食レポやレシピについてを記事にする、「フード記事執筆」の
お仕事でも、文章と一緒に写真を納品することが多いです。
　文章はもちろん大事ですが、記事を読むかどうかは第一印象で
ある「料理写真」で決まるので、「料理写真」はかなり重要とさ
れています。
　特にレシピを書くフード記事では、「レシピを書く」が記事の
メインになるので、レシピを正しく書けることが大前提です。

料理／栄養系で在宅ワークの土台作り

料理動画制作のお仕事でも、「レシピ」と「料理写真」のスキルが必要になります。

料理動画を撮る時は、まずはレシピを書いて、レシピの内容に沿ってを撮影進めていきます。

動画は静止画が動くようになっただけなので、料理を美味しそうに見せる料理写真のスキルがあれば、自ずと料理動画のクオリティも上がります。

他にも「栄養指導／食事相談」のお仕事でも、レシピを提案することがありますし、「料理研究家」としてSNSに料理をアップする際には、料理写真が何より大事であることは言うまでもありません。

このように、様々な食の在宅副業において、「料理写真」と「レシピ制作」が大事であることはわかってもらえたかと思います。

「料理写真もレシピ制作もあんまり自信ないな…。」と思う方もいるかもしれませんが、逆に言うと、あらゆる食の知識やスキルの中で、まず身につけるべきはたったこの2つだけなのです。

この章では、料理写真の基本の撮り方、レシピ制作で気をつけるべき点についても紹介していきます。

2.WEBスキル

食とWEBの分野は、あまり接点がないので、一般的に、料理や栄養系のお仕事をしている方はWEBが苦手なことが多いようです。

私自身も、副業として食のお仕事を始めた当初は、Excel や
Power Point の使い方すらほとんどわからない状態でした。

　主催スクールの生徒さんも、最初から WEB が得意という方は、
ほとんどいません。

　ですがそんな方でも、一度やり方を覚えて使いこなせるように
なると、WEB が苦手と言っていたのがウソだったかのように、使
いこなせるようになっています。

　というのも、食の在宅副業を始めるために、専門的な WEB ス
キルは必要ありません。

　主にこれからお伝えする 4 つの目的において、それぞれ必要と
なるツールをご紹介します。

①お客様とのやりとり

　　オンラインレッスンや、クライアントとの打ち合わせは
Zoom というアプリを使うのが一般的です。テレビ電話のア
プリは他にもたくさんありますが、まずは Zoom だけ使えれ
ば問題ありません。

　　Zoom の使い方は Lesson4 で詳しくお伝えします。

②資料作り

　　オンラインレッスンやレシピ開発のお仕事では、Word や
Power Point、Google ドキュメントや Google スライドなど
で資料を作ります。フード記事の執筆では、ワードなどで文
字入力ができれば OK です。

　　資料を作るために便利なツールは世の中たくさんあります
が、まずは少しでも使ったことがあるツールや、使いやすい
ものから使って慣れていきましょう。

85

料理／栄養系で在宅ワークの土台作り

③決済ツールを使う

お客様からレッスン料や報酬をお支払いいただく方法は様々ですが、銀行振込かクレジットカード決済が一般的です。

銀行振込であれば特別な手続きはいりませんが、分割払いや自動引き落としなどができません。特にオンラインレッスンを行う場合は、クレジットカード決済があった方が便利です。

クレジットカード決済のツールは色々ありますが、使いやすさと安全性の観点から、おすすめは BASE、Stripe になります。ネットで検索すると詳細が見れるので、比較検討して自分的にはこれが良いな！ と思えるものを選んで使いこなせるようになっておきましょう。

④ SNS 集客をする

今の時代、集客に欠かせないのは SNS です！ 色々な SNS がありますが、料理 / 栄養系と相性が良く、ユーザーに大人の女性が多いのは Instagram です。

投稿のハードルもそこまで高くないので、まだお仕事用の SNS アカウントを何も持っていないという場合、まずは Instagram を使っていくのがおすすめです。

さらに Instagram が少し形になってきたら、自分の活動が一目でわかるホームページや、ランディングページというサービス紹介に特化したページを用意すると良いです。

ホームページやランディングページまで持っていると、一般のプライベート投稿をしている人たちとの違い

が一目でわかり、「プロとして仕事をしている人なんだ」と
見られやすくなります。

3.ビジネススキル

　必須スキルの最後はこちら。ビジネススキル＝お仕事の取
り方、とも言い換えることができます。

　どんなに料理が上手でも、食の知識を持っていても、資格
をたくさん持っていても、ビジネススキルがなければ、お仕
事として形にすることはできません。

　本書の後半では、お仕事の種類別に、お仕事を獲得する方
法について、詳しくまとめています。

　手順を押さえてやるべきことをやっていけば、難しいこと
ではないので、実践しながら身につけていきましょう。

料理／栄養系で在宅ワークの土台作り

food side job from home

まずはスマホでOK！
素敵な料理写真を撮るコツ

食のスキルとして、料理写真が大事なことはわかりました！　でも料理写真はあまり上手じゃないかも…。あとカメラも持っていないんですが、無いとダメですか？

 料理写真は撮り方のコツさえ押さえれば誰でも上手に撮れるようになりますよ！　また最初のうちはカメラではなく、スマホでOKです！

　SNSにお料理をアップする時、料理教室のメニューを紹介する時、記事執筆でレシピを載せる時、料理動画のサムネイルを作る時…、
　あらゆる場面で料理を紹介する時に、第一印象を決めるのが写真です！

　素敵な料理写真を撮るためには、できれば「一眼レフカメラ」で撮るのがおすすめではありますが、値段も高く、操作も少し難しいので、「一眼レフカメラを用意するのは、ハードルが高い…」と感じる方も多いと思います。

　その場合、まずはスマホでOK！　写真の撮り方の基本は、一眼レフカメラでもスマホでも変わりはないので、まずはスマホで上手に撮れるようになることを目標としましょう。
　ここではスマホ撮影でも使える、写真の撮り方のコツをお伝えします。

1.自然光で斜めからの逆光を意識して撮る!

料理写真で一番大事なのは「光」です。

食べ物の写真は、基本的に自然光で撮ると美味しそうに見えます。

料理／栄養系で在宅ワークの土台作り

　人工光を使って綺麗に撮ることもできるのですが、ライティング機材や扱うための技術がいるので、まずは自然光を使って撮るのがおすすめです！

　この時、斜めからの逆光を意識して撮影すると、光と影のバランスがちょうど良くなり、食べ物をより美味しそうに見せることができます。
　逆に、正面から光を当てると、全体的にのっぺりとした印象になってしまいます。
　写真を撮る時は「斜め後ろから光を当てる」を意識してみましょう。

2.撮影アイテムをちょい足しして、シズル感を出す！
　シズル感とは、食べ物のジューシー感や、みずみずしさ、できたて感など、思わず食べたくなるように感じさせる演出のことをいいます。
　これらを演出するのに大事なのが「ツヤ感」や「テリ感」です。

　例えば、ハンバーグなどは、時間が経つと表面が乾いてしまって、パサっとして見え、あまり美味しそうに映りません。
　そこで、ハケを使って「油」をハンバーグに少量塗ってみます。すると、ハンバーグにツヤ感が出て、できたての感じが復活します！

　このように、肉料理や炒めものなどの場合は「油」を使うことが多いですが、油分が少ない料理に油を使うと、やや不自然になってしまいます。
　そんな時は「みりん」を使うのがおすすめです！　お刺身

や、煮物など、油分があまりない料理の場合は、「みりん」の方が馴染みが良いです。

時間が経って、表面がパサついてしまったお刺身や煮物も、「みりん」を塗ることで、新鮮さや作りたて感が保たれます。

3.撮影するための構図を決める

料理写真を撮る上では、どのような構図にするかも需要なポイントです。

構図というのは、料理や小物をどの位置に置くか、どのようなアングルで撮影するか、など写真の配置バランスのことです！

構図には色々なパターンがありますが、ここでご紹介する「三角構図」と「対角線構図」を押さえると初心者さんでも簡単に構図が決まります！

料理／栄養系で在宅ワークの土台作り

三角構図

　メインとなる料理を中心に置き、その後ろや横に小物を置いて、「三角形」が出来るように意識します。

　このように三角形を意識して配置すると、いい感じに余白が埋まって構図が決まります。

　この構図は、斜め横からのアングルでも、俯瞰（ふかん）と言って高いところから見下ろして全体を写すアングルでも、どちらにも向いています。

対角線構図

対角線構図

　メインとなる料理を手前に置き、料理に対して斜め対角線上のラインに、小物を配置します。

　この構図で配置すると、料理が手に取れそうな奥行きのある写真になります！

　この時、料理を置いたものとは反対の対角線上には余白ができます。余白がありすぎるとアンバランスになるので「料理や小物がない部分のバランス」を意識するのもポイントです。

4.正面を決めてピントを合わせる

　料理の写真を撮る前に、お皿を回してみたりして、その料理が一番美味しそうに見える角度や「ここが一番決まってるな！」と思う面を見つけて下さい。一番良く見えるところが見つかったら、そこを正面に置きましょう。

　次にスマホのカメラ越しに一番良く見える「角度」を探します。料理写真は角度によってもかなり見え方が変わります。角度が決まったら、主役にピントを合わせて撮影します。

料理／栄養系で在宅ワークの土台作り

food side job from home

料理のレシピを書く時に注意すること

食のスキルには、レシピ制作も入っているんですよね？ 何となくレシピ投稿したことはあるけど、あまり気にせず適当に書いてしまったかも…

食をお仕事にするなら、レシピは正しく書けるようになっておいた方がいいかも！ 今から伝える4つのポイントを抑えると、誰が見てもわかりやすいレシピが書けるようになりますよ。

レシピの書き方に絶対的な正解はありませんが、プロのレシピと素人のレシピは、大きく違います。レシピをお仕事として書く場合は、ポイントを押さえて、誰が見てもわかりやすく、伝わるレシピを書くようにしましょう。

1.材料を書く順番を意識

材料の順番は、主材料→副材料→調味料・トッピングが一般的です。例えば、「たまごサンド」を作るとしたら、下記のようなイメージです。

```
材料 （2人分）
卵…2個
サンドイッチ用食パン…4枚
きゅうり…1本
マヨネーズ…大さじ2
こしょう…少々
パセリ…適量
```

最初にメインとなる主材料の「卵」「サンドイッチ用食パン」を書き、次に副材料となる「きゅうり」「マヨネーズ」や「こしょう」などの調味料。トッピングの「パセリ」は後半に書きます！

2.作り方は、料理のその時点の状態を書く

　例えば、パンの生地をこねる場合、「15分こねる」よりも「表面がなめらかになるまで、約15分こねる」と書いた方が、失敗が少なくなります。

　というのも、パンのこね具合は人によって力加減が異なるので、時間だけ測っても、人によって状態にバラつきが出てしまうからです。

　他にもお肉を炒める時、「牛肉を炒める」と書くよりは、「牛肉の色が変わるまで炒める」と行程を進める目安になる状態を書いてあげた方が親切です。

3.紛らわしい表現に気をつける

　塩やこしょうなどで使われることが多いのが、「少々」や「ひとつまみ」という表現。「少々」と「ひとつまみ」は、以下のように分量がかなり違います。

「少々」… 親指と人差し指の先でつまむくらい。約小さじ1/8。
「ひとつまみ」… 親指、人差し指、中指の3本の先でつまむくらい。約小さじ1/5。

　知らずに何となくで書くと塩分量などが変わってしまうので、書く際は注意しましょう！

料理／栄養系で在宅ワークの土台作り

4.表記を統一する

下記の材料、どこか変だと思いませんか？

> りんご…1個
> バナナ…一本
> 牛乳…100ml
> ヨーグルト…50cc

りんごの数字が「1」なのに対し、バナナは、漢数字で「一」になっています。この場合は「1」で統一するのが好ましいですよね。

漢数字はレシピであまり使いませんが、たまたま変換された時に漢数字が出て、そのままにしてしまった！ ということもあるので注意が必要です。

また、牛乳が「ml」表記なのに対し、ヨーグルトは「cc」の表記になっています。「ml」か「cc」かはどちらでも良いのですが、同レシピ内での表記は統一しましょう！

最後に、チェックすべきは誤字脱字です！ 誤字脱字は誰が見てもわかるミスなので、最後に必ずチェックをしていきましょう。

> *food side job from home*
> ## パソコンを買うなら何がいい？

実はまだパソコンを持っていなくて…。食の在宅副業をするならどんなパソコンがいいですか？

 お店には色々な種類のパソコンが売っているので、迷いますよね。パソコンの選び方についてお伝えします！

　結論、何を買ったらいいのか迷った場合は、以下の基準をクリアしているパソコンを選べばOKです！

メモリが 8G 以上、ストレージが 128G 以上、
CPU が Core i5 以上

　さらに、料理動画を作るために「動画のプロ」としてその道を極めていきたいとなったら、動画はデータが重いので、さらに良いスペックであった方が作業はしやすくなります。
　本格的な動画を作る場合は、以下の基準を満たしたパソコンがおすすめです。

メモリが 32G 以上、ストレージが 500G 以上、
CPU が Core i7 以上

　ただし、スペックが高いパソコンは、その分、値段も上がっていきます。

　値段なんて関係ない！　という方は、気にしなくて良いのです

料理／栄養系で在宅ワークの土台作り

が「ちょっと最初から高すぎるパソコンはハードルが高いな」と思う方もいると思います。

その場合は、まずはそこそこのスペックのパソコンからスタートして、ある程度、副業ができるようになり、「もっと本格的にやりたいかも！」となった段階で買い換える形でも良いと思います。

というのも、例えば料理動画のお仕事をする場合でも、動画のお仕事といっても、最初から難易度が高い動画は作れないので、YouTube 用や、ショート動画など、簡単な動画から始めることがほとんどです。

簡単な動画であれば、最初に書いたメモリが 8G 以上、ストレージが 128G 以上、CPU が Core i5 以上の普通スペックのパソコンでも、編集は問題なくできます！

また、「パソコンは欲しいけど、ちょっと買うのは高いしなどうしようかな」という場合は、まずは 中古品を買うのもありです。

中古品とはいえ、状態が良いものはたくさん売っているので問題なく使えます。中古で買う場合は、フリマサイトなどの個人から買うのは避け、家電量販店などのお店で買うことをお勧めします。

ちゃんとしたお店であれば、動作確認などをきちんとしてから販売されているのと、中古品であっても保証をつけてくれたりするので、リスクなく購入することができます。

MacとWindowsどっちがいい？

「パソコンは Mac ？ Windows ？ どちらがいいのかわからない」というご質問もよくいただきますが、こちらは、どちらでも大丈夫です！

ただし Mac のパソコンは Apple 社がすべて管理しているので、品質は安定しています。

低スペックでも、重い動画データを扱ってもフリーズしにくかったり、キーボードやマイクの質や耐久性、デザイン性などが、優れていると言われています。また iPhone と画像の共有などができるので、iPhone ユーザーには使いやすいです。

対して Windows は、様々なメーカーから、色々なデザイン、価格、スペックの製品が出ていて、品質に結構な差があります。そのため、購入する前に一度、キーボードが操作しやすいかどうかを確かめたり、デザインや重さや確認したりと、しっかりとチェックしてから購入するのをお勧めします！

私は、副業を始めた当初から MacBook ユーザーで、すごく使いやすいので、今後も Mac を使うと思いますが、Windows の方が使い慣れてる！ という方は Windows でも問題ありません。

LESSON 3

初めの1歩を踏み出して、お仕事に挑戦
〜やってあげる系副業の始め方〜

LESSON 3

初めの1歩を踏み出して、お仕事に挑戦
〜やってあげる系副業の始め方〜

food side job from home

最初の実績を作ろう

食の在宅ワークに必要なスキルがわかりました！ まだまだ実力不足なので、スキルアップを頑張ります！

スキルアップはとても大事ですが、勉強するだけでは何も変わらないので、最低限が身についたら、お仕事に挑戦してみましょう！ 個人事業で一番大事なのは、実績を作ることです。

前章では、食の在宅副業をするために必要なスキルについてお話ししました。

勉強することがたくさんあって、道のりが長そうに感じたかもしれませんが、スキルを身につけるのに、そんなに時間をかける必要はありません。

確かに、高いスキルがあれば、より良いお仕事ができますが「スキルを高める」というのは、これからお伝えするやり方で、実績を作りながらでもできます。

むしろ、スキルアップの勉強ばかりしているよりも、実際にお仕事で実践しながらスキルを高めていった方が、圧倒的に実力のレベルアップが早いです！

実際のところ、ここを勘違いしている人が非常に多く、そういった方を見るともったいないなあと思います。

食の資格講座や料理スクールなどでたくさん知識を得て

も、「お仕事の実践現場」に出なければ、いつまでもお仕事にはならず、趣味で終わってしまいます。

　知識を深めてスキルアップをすることも大事ですが、ずっと勉強しているだけでは、現状は何も変わりません。

　もちろん、お仕事をするためには最低限抑えるところはしっかりと押さえて土台を作る必要はあります。
　ですが、ある程度のスキルまで身についたら、勇気を持って、次のフェーズに進んでいきましょう！
　ここからは、実際にお仕事を行うために、大事な一歩となる「実績作り」の方法について見ていきます。

LESSON 3 初めの1歩を踏み出して、お仕事に挑戦 〜やってあげる系副業の始め方〜

やってあげる系の実績作り

food side job from home

とにかく実績を作ることが大事なんですよね！？
でも、実績ってどうやって作ったらいいんだろう…？

お仕事の種類には教える系、やってあげる系、インフルエンサー系があると伝えたけど、それぞれ、やり方が少し違うんです。

　まずは、一番収入を得るまでのスピードが早い、やってあげる系の実績の作り方について伝えていきますね！

　レシピ開発、料理動画の制作、食レポやコラム記事の執筆など、これらはすべて「お客様の代わりに自分がやってあげる」ことで報酬をいただく働き方です。一般的に「業務委託」と呼ばれることもあります。

　例えば、お客様から「レシピ開発をしてください」と頼まれたら、ご要望に沿ったレシピを制作し、それを納品するとお仕事が完了します。

　教える系のようにレッスン内容を自分で考えたり、必ずしも自分で商品を用意する必要はありません。「これを代わりにやって欲しい」と頼まれたことだけをやれば良いので、特に初心者の方には始めやすいです。
　さらに、やってあげる系は、収益化までのスピードが比較的早く、顔出しをしなくても良いという特徴もあります。

メリットがたくさんあるように思える働き方ですが、やってあげる系の仕事を取るためには、教える系以上に、「実績を作ること」が大事になります。

STEP1 ▷ ポートフォリオを作る

ポートフォリオとは、言い換えると、第三者に見せるための自分の「作品集」のようなもの。

やってあげる系のお仕事の場合は、まずはポートフォリオを作ることが一番大事です。

「なんでだろう？」と思った方は、自分がお金を払う側になった時を想像して、考えてみてください。

例えば、自分の写真をカメラマンに撮ってもらいたいと思った時、過去の写真のサンプルを見て、雰囲気などを確かめたりしませんか？

過去の作品が１つもないと、「どんな雰囲気の写真を撮れるんだろう」「本当に写真が得意なのかな」と、不安が大きくなり依頼がしにくいと思います。

これは、食の在宅副業の世界でも同じこと。

例えば、「料理動画の制作ができる人募集！ １本〇〇円」という募集があったとして、そこで自分が「やります！」と手を上げたとしましょう。

名乗り出たのは良いものの、特に実績もなく、サンプルとなる作品も何も無かったら、クライアント側は「本当に料理動画が作れるのかな…」と心配になってしまいます。

そこで、重要になるのがポートフォリオ。「過去にこんな料理動画を作りました」と、動画のサンプル品を見せるようにしましょう。

ポートフォリオがあれば、クライアントは「こういう感じの動

初めの1歩を踏み出して、お仕事に挑戦 〜やってあげる系副業の始め方〜

画を作ってくれるんだな」とイメージがつき、安心感を得られるので、初心者で実績がない方でもお仕事の依頼に繋がりやすくなります。

　そんな大事なポートフォリオってどういう風に作るの？と思ったかもしれませんが、それは自分がやりたいお仕事によって変わってきます。
　例えば、料理動画の案件であれば、料理動画のサンプル品を送るのが好ましいです。自分で作った料理動画のデータを送るでもいいですし、SNSに投稿したもののURLを送るなどでもOKです。
　レシピ開発の案件であれば、過去に制作したレシピと写真のサンプル品を送りますし、コラム記事の案件であれば、過去に執筆した記事を送ります。

　このようにポートフォリオは案件に合わせて必要になるので、できるだけたくさんの種類があるに越したことはないです。
　とはいえ、いきなり色々な種類のポートフォリオを作るのは大変です…。まずは、自分が一番興味があるお仕事内容について、その分野でのポートフォリオを最低1つ、完成させていきましょう！
　1つ以上できたら、次のステップに進んでも問題ありません。

STEP2 ▷ お仕事マッチングサービスに登録
　初心者さんがオンラインでお仕事の案件を獲得するには、主に2つのパターンがあります。
　1つ目は、マッチングサービスに登録してお仕事を獲得す

るパターン。有名なものとしては、クラウドワークスやランサーズなどがありますが、いずれも、お仕事を依頼したい人とお仕事を受けたい人を繋ぐマッチングサービスです。

2つ目の方法は、SNS等で発信活動をして、お仕事を獲得するパターン。SNSなどを見ているとプロフィールに「お仕事の依頼はDM下さい」と書いてるアカウントを見かけることがあります。
SNSで影響力をつけると、そこからお仕事に発展するというのはよくあることです。

以上が2つのお仕事の獲得パターンですが、初心者が初めてお仕事を獲得しやすいのは、①のお仕事マッチングサービスに登録する方法です。
なぜなら、マッチングサービスはお仕事マッチングが前提だから。お仕事をお願いしたい人（お客様）がたくさんいますし、自分から積極的にお仕事を探すこともできます。

すでにSNSでフォロワーがたくさんいる、SNS運用が得意、という方は、最初からSNSに絞って仕事獲得を狙っても良いかもしれませんが、ほとんどの方は「仕事としてSNSを使うのは初めて」だと思います。
その場合、仕事を獲得できるレベルのアカウントに育てるまでには時間がかかります。

まだフォロワーがほとんどいない、仕事でやっていくほどのアカウントになっていない、という方が、マッチングサービスの力を借りて、実際にお金をいただきながら、実績を作りながら、同時平行でSNSを育てていくのがおすすめです。

LESSON 3 初めの1歩を踏み出して、お仕事に挑戦 〜やってあげる系副業の始め方〜

STEP3 ▷ 単発のお仕事に応募してみる

お仕事マッチングサービスに登録したら、さっそく、お仕事に応募をしていきましょう！ マッチングサービス内で、お仕事を取るコツは主にこちらの3つ。

①提案する時の文章
②ポートフォリオ
③プロフィール

まず1つ目の「提案する時の文章」について。クラウドワークスやランサーズには、掲示板のようにたくさんにお仕事が一覧で出ています。「応募する」ボタンを押して、メッセージを送れば簡単に応募ができますが、その際の文章がとても大事です。

何となくやってみたいと思ったからといって「やってみたいです」「興味あります」など一言だけでは絶対に受かりません。きちんと丁寧な文章を意識して書いてください。

具体的にどんなことを書けば良いかというと、まずは挨拶から。「メッセージをご覧いただきありがとうございます」「初めまして、〇〇と申します」など、礼儀正しく挨拶をしましょう。

その後、自分の簡単な自己紹介を書いていきます。今までやってきたことや、経歴なども書けるようなら、記載していきます。

また応募条件に、「応募する時はこの質問に答えてください」というような、指定の質問が掲載されていることもあります。

その場合は必ず、掲載されている質問にも答えるようにしてメッセージを送ります。質問を飛ばしてしまうと、文章を読んでないのかな？　と誤解をされてしまうこともあるからです。

　次に「ポートフォリオ」について。ポートフォリオは、お仕事に応募する時のメッセージと一緒に送ってしまうのがベストです。

　最初のメッセージがクライアントから一番見られるので、そこで興味を持ってもらうためにも「参考までに、ポートフォリオはこちらです」と言う風に、初めにポートフォリオを提出しましょう。

　ここまでがメッセージを送るところまで。
　3番目のコツは、プロフィールを整えることです！

　提案のメッセージを気に入ってもらえてポートフォリオも気に入ってもらえると、次にクライアントは、プロフィールに飛んでくれます。
　このプロフィールもなるべくしっかりと丁寧に書くことを意識しましょう。簡単な経歴、自分の得意分野、実績がある場合は実績を書くなど、書ける範囲で、詳しく書けば大丈夫です。
　コツとして、最後に「誠心誠意対応させていただきます」「必ず納期を守りますのでよろしくお願いします」など、やる気をアピールをするような文章があると、好印象になります。

　以上がマッチングサービスでお仕事をとるコツになりますが、お仕事マッチングサービスには注意点もあります。それは稀ではありますが、悪質なクライアントも含まれているということ。

LESSON 3 初めの1歩を踏み出して、お仕事に挑戦 〜やってあげる系副業の始め方〜

　お仕事を受けるために応募したはずなのに、なぜか手数料がかかると言われたり（お仕事マッチングサービスの手数料とは別物です）、投資の話をされたりなどもあるようです。
「何かおかしいな」と思ったら、取引を中止し、運営元に連絡をするようにしてください。

フード記事を執筆しよう

まずはやってあげる系でお仕事に挑戦してみたいけど、できるかな…。最初に挑戦する時は、どんなお仕事がおすすめですか？

 分野を問わず、何かしら実績を作りたいと思っている場合は、フード記事の執筆からスタートしてみると良いですよ。

　様々な食の在宅ワークの中で、特に初心者さんにおすすめなのが、フード記事の執筆です。
　理由は、初心者でも割とお仕事が取りやすく、仕事の難易度もそこまで高くないから。

「文章を書く仕事なんてやったことないし…」と心配される方もいるかもしれませんが、フード記事の執筆に関しては、そこまで高度な文章力は求められていません。

　フード記事には「食のコラム記事」「レシピ記事」「食レポ記事」の3パターンがあります。
　それぞれの書き方の構成と、気をつけるべきポイントを押さえれば、初心者の方でも割とすんなりと記事が書けるようになります。
　ここから、それぞれの記事のパターンに沿って書き方のコツを見ていきましょう。

初めの1歩を踏み出して、お仕事に挑戦
〜やってあげる系副業の始め方〜

> 食のコラム記事

　食べ物の栄養や美容効果について、食生活や食べ合わせについてなど、食についての情報をまとめるのが、コラム記事です。書いた記事は、WEBメディアや、キュレーションサイト（情報まとめサイト）などに、幅広く掲載されます。

　コラム記事で最も意識すべきことは、情報をまとめるということです。コラム記事の場合、まずはお題に沿って、「調べる」という工程が入ります。

　例えば、「キャベツの効能について記事を書いてください」と依頼を受けたら、色々な参考文献（書籍や信頼できるサイト）から、キャベツの効能について、まずは正確な情報を、しっかりと調べます。次に、調べたことを自分の言葉でまとめて、文章にしていきます。

　ちなみに、栄養や食事についての記事は、栄養士／管理栄養士さんではないと書けないのでは？　というご質問をいただくこともありますが、必ずしもそうではありません。

　コラム記事では、書く前に「調べる」のが基本なので、栄養の知識がない方でも、調べれば書けるからです。

　私自身、副業を始めた頃は、食のコラム記事執筆をしていましたが、実は栄養や食事の知識に自信がありませんでした。
　栄養士の資格は持っていたものの、栄養系の仕事にはついていなかったこともあり、ほとんど忘れてしまっていたのです…。

ですが、コラム記事執筆は「調べながら書く」ので、知識がなくても、記事を書くことができました。

　さらに「調べて書く」を繰り返すのは勉強にもなり、記事執筆をしていくことで、次第に栄養の知識も増えていきました！

　調べながら記事を書いて自分のスキルアップにも繋げていく。コラム記事の執筆は、そんな風に自分の知識を深めることにも役立ちます。

レシピ記事

　2つ目のパターンは、レシピ紹介記事。テーマに沿ってレシピを考案して、材料や作り方の説明、レシピのポイントなどを紹介する記事のことになります。

　レシピ記事は、キュレーションサイト（情報まとめサイト）などに掲載されることが多いですが、他にも、食品企業のホームページなどで、商品の販促のために掲載されることがあります。

　レシピ紹介の記事は、魅力的なレシピが書けることはもちろんですが、それ以上に、実は「写真」が大事になります。

　1つ目の食のコラム記事の場合は、著作権フリーの写真を載せることが多いので、自分で写真を撮影する必要はありませんでしたが、レシピ記事の場合は、基本的には自分で料理写真を撮ります。

　読者さんがレシピを見た時に「これ作ってみたい！」と思ってもらえるかどうかは、第一印象となる写真に大きく左右されます。

　そのため、料理写真は手を抜かずに、レシピの魅力を最大限に引き出せるような写真を心がけましょう。

初めの1歩を踏み出して、お仕事に挑戦 〜やってあげる系副業の始め方〜

食レポ記事

3つ目は食レポ記事について。食品企業の商品を試食して感想を書いたり、飲食店を取材してお店の特徴やメニュー、料理の感想などをグルメレポートとして記事にします。

飲食店を紹介するグルメ系のWEBメディアや、食品企業さんのホームページ、キュレーションサイト（情報まとめサイト）などに掲載されます。

食レポ記事で大事なのは、食べた感想をわかりやすく文章に起こすこと。さらに、飲食店取材のグルメレポでは、特に「写真」がポイントになります。

例えば、飲食店で写真を撮る時は、お店のどこがウリなのかを考えます。チーズたっぷりのピザがウリなのであれば、ピザのチーズがとろけている写真が良いですし、ご当地ビールの飲み比べができるがウリなのであれば、何種類かのビールが一覧になっている写真が良いです。

食レポ記事では、文章以上に写真のビジュアルから情報を得たい人も多いので、ここでも写真はなるべく丁寧に撮れるように意識しましょう。

また、飲食店で写真を撮ったり取材をする際は、なるべくお店の邪魔にならないように、混雑している時間帯は避けたり、事前に電話などで紹介記事を書きたい、ということをお店に伝えておくとスムーズです。

food side job from home
料理動画を作ってみよう

最近、SNSを開くとレシピの動画投稿をよくみかけます。料理系で動画の仕事もあるのでしょうか？

 お気づきの通り、今は動画の需要が急速に高まっています。料理の撮影から編集まですべてできる方は、まだそんなに多くないので、**料理動画制作のスキルがあると重宝されやすい**です。

少し前までは、料理はレシピを見て手順を確認するのが一般的で、レシピ集約サイトなどを見ても料理の完成写真と、材料や作り方の説明文章があるのみでした。

それが最近では、YouTubeなどで料理手順を確認する人が増えてきており、動画のニーズがどんどん高まってきています。

料理動画制作というと「なんだか難しそう…」というイメージを持たれる方も多いですが、ショート動画など、簡単な動画から取り組んでいけば、それほど難しくはありません。

また、料理動画が作れるようになると、受けられる仕事の幅も一気に広がるので、少々大変でも、作れるようになるとメリットは大きいです。

料理動画を作る手順

料理動画は、大きく分けてこの3ステップで制作します。

初めの1歩を踏み出して、お仕事に挑戦 〜やってあげる系副業の始め方〜

①レシピを作る
↓
②料理の手順を撮影する
↓
③動画を編集する

STEP1 ▷ レシピを作る

まず、料理動画撮影する前にやるべきことはレシピ作りです。

ここで使用するレシピは、ドラマや映画の現場に例えると、台本のようなもの。あなたがもしカメラマンだったとしたら、台本がない状態で「俳優さんにたちに適当に演技してもらって撮影して〜」と言われても、何を撮ったらいいかわからないですよね。

料理動画の撮影も同じで、レシピという台本を見ながら撮影を進めていくので、レシピは事前に必ず作っておきましょう。

STEP2 ▷ 料理手順を撮影する

レシピができたら、次に料理撮影を行っていきます。

撮影をするにあたって最低限必要なものはたった2つ。1つ目はカメラまたはスマホ、2つ目は三脚またはスマホスタンドです。

一眼レフなどのカメラを持っているのであれば、最初からカメラ使用でも良いですが、持っていない場合はスマホでOKです。最近のスマホは画質も良いので、スマホでもそれなりの映像が撮れます。

また、カメラやスマホを支えるために、三脚またはスマホスタンドも必要になるので用意しておきましょう。
　三脚やスマホスタンドは、カメラやスマホを支えられれば良いので、そんなに高いものでなくても大丈夫です。三脚であれば3000円くらいから、スマホスタンドは1000円くらいから購入できます。

　必要なものが揃ったら、いよいよ撮影！
　料理動画を撮影する時は、基本的に、真俯瞰（真上から撮る）や斜俯瞰（やや斜め上から撮る）で、撮影したいものの真上付近にカメラやスマホをセットします。

　場所はなるべく作業がしやすいように、キッチンではなく、ダイニングテーブルの上などで作業するのがおすすめです。

　また、写真撮影と一緒で、動画の場合も、料理を撮る時は「光」がとても大事です。
　なるべく「自然光」が入る時間帯と場所で撮影をするのが、最

初めの1歩を踏み出して、お仕事に挑戦 〜やってあげる系副業の始め方〜

も美味しそうに撮影ができます。

日中、日差しが強すぎる時は、レースのカーテンをしたり、直射日光が当たる場所から少し離れて撮影をするなど、光のバランスを調整しながら撮影すると上手く行きます。

なお、ライティング機材を使う方法もありますが、扱いがかなり難しいのと値段も高価なので、やはり最初は自然光がベストです。

STEP3 ▷ 動画を編集する

撮影して動画素材が揃ったら、最後に編集をします。
動画編集にハードルを感じている方もいるかもしれませんが、編集作業は、やり方次第で全く未経験の方でも無理なく作業ができるようになります。

動画編集のハードルを下げるための最大のポイントは、動画編集ソフトの選び方にあります。

WEB全般が苦手、動画編集は全くの初めてという方は「操作が難しくない」ソフトを選びましょう。
おすすめは、まずは縦型のショート動画の制作を目標に、スマホアプリ版の動画編集ソフトから使ってみることです。
おすすめのスマホ動画編集アプリは、CapCut、VLLO、KineMasterです。
これらの編集アプリは、操作が比較的簡単でわかりやすい上に、テロップ入れ（文字入れ）も用意にでき、無料で使うことができます。（※ KineMasterは無料版だと動画にロゴが入ります）

スマホではなく、最初からパソコンで作業したい！という方は、Filmora（フィモーラ）というソフトがおすすめです。
　私は今でもこの編集ソフトを使っていますが、Filmora は操作が簡単で、初心者でも使いこなしやすいです。さらに他のパソコン版の編集ソフトに比べて、月額利用料が安いというのも魅力。
　その割に、機能性も良く、色々な文字デザインがあったり、編集機能があるので、料理動画を作る場合は Filmora で十分と言えます。

　ちなみに、現在、動画編集者の中で最も人気があるソフトは Adobe Premiere Pro（アドビプレミアプロ）というソフトです。映像制作のプロの方々もこのソフトを使っており、機能性は抜群です。
　ですが、デメリットとして、操作が複雑でやや難しく初心者が挫折しやすい、ソフトの利用料が高い、という点があります。

　動画編集の道を極めたいのであれば最初から Adobe を使うのもありですが、まだそこまで考えていないという場合、まずは、無料や月額制で簡単に使えるスマホアプリやソフトで編集に慣れていき、将来的に「もっと動画を極めていきたい！」となってから、高度な編集ソフトに切り替えるのが良いと思います。

119

LESSON 3

初めの1歩を踏み出して、お仕事に挑戦
〜やってあげる系副業の始め方〜

food side job from home

レシピ開発ってどうやるの？

やってみたかったお仕事の中に、レシピ開発があるんです！ でも、どうやって進めたらいいのかわからなくて…

レシピ開発は、お客様ありきなので、まずはヒアリングするところから始まります。レシピ開発の進め方を説明するので覚えておきましょう！

　レシピや新メニューを考えるのが好きだから、レシピ開発の仕事をしてみたい！ そんな方にとって、レシピ開発はとてもやりがいのある仕事といえます。

　ですが、クライアントから依頼されてレシピ開発を行う場合は、注意も必要です。それは、「自分が作りたいものではなく、お客様が作って欲しいものを作る」ということ。

　自分のSNSなどに載せるレシピであれば、自分好みにしてOKですが、クライアントから依頼されてレシピを作る場合は、主役はクライアントであることを忘れないことが大事です。

　それを踏まえて、ここからはレシピ開発の主な流れについて見ていきます。

STEP1 ▷ ヒアリング

　レシピ開発の依頼を受けたら、まず最初にやるべきはヒアリングです。

・どういう理由でレシピ開発が必要になったのか

・レシピ開発の目的は？

・クライアントが得たい結果は何なのか

・誰向けのレシピにしたいのか（ターゲット）

・いつまでに納品して欲しいのか（納期）

など、「こういうことかな？」と思ったことはすべて確認し、認識に違いがないようにしていきましょう。

STEP2 ▷ 企画案の作成

本番用のレシピを作る前に、アイディアベースで、料理のタイトルと概要をまとめた企画案を作ります。完成したらクライアントに送り、作成したいレシピを選んでもらいましょう。

なぜこの手順を挟むかというと、いきなり本番のレシピをいくつか作成しても、クライアントが思っていた料理でなければ、やり直しになってしまうからです。

やり直しになった場合、かなりの時間と手間がかかってしまうので、試作を行う前段階で、「こんな料理を作ろうと思うんですけどいいですか？」と、確認することが大切です。

STEP3 ▷ レシピ作成 & 試作

企画案を提出して、作る料理が決まったら、いよいよ本番用にレシピを作成して試作します。

試作をしながら、レシピの分量や作り方、見た目を調整してレシピを完成させていきます。

STEP4 ▷ 料理撮影

レシピ開発は、開発した料理の写真も一緒に納品することが多

初めの1歩を踏み出して、お仕事に挑戦 〜やってあげる系副業の始め方〜

いです。最近は、写真だけではなく、動画も欲しいと言われることがあります。

完成料理の写真を依頼された場合は、試作をしたレシピを、一眼レフなどで本格的に撮影します。

写真を依頼されていない場合は、スマホ等でも構わないので、簡単に撮影しましょう。

納品物に写真が入らない場合でも、料理の完成イメージはあった方がわかりやすいので、できるだけ写真を撮るようにした方が良いです。

STEP5 ▷ レシピ、写真の納品

試作後のレシピ、撮影した写真（または動画）をクライアントに納品します。

修正希望があった場合は、可能な範囲で対応し、難しい内容の場合はクライアントに相談しましょう。

food side job from home

完璧は目指しちゃダメ！

この間、初めて料理動画を作ってみたんですが、全然上手くできなくて…。もうレシピを作るところからやり直そうかと思ってます…。

 誰でも最初から上手にできる人はいないので、100点でなくても大丈夫。まずは自分なりの70点ができたらOKと考えて、最後まで完成させることを優先しましょう！

　この章では、フード記事の執筆や料理動画、レシピ開発の方法などを紹介しましたが、最後に進めていく上で、忘れないで欲しいことをお伝えします。
　それは「完璧を目指す必要はない」ということ。
　特に、クリエイティブな要素が求められる制作品というのは、もっとクオリティを良くしようとしたら、いくらでも修正するところが見つかり、終わりがありません…。

　もちろん、クオリティは高い方が良いのですが、そもそも何もかも初めての初期の段階では、完璧なクオリティを出すのは無理です。

「ポートフォリオを作ったけど思ったようにできなかった」「恥ずかしくて見せられない」
　最初はそんな風に思うかもしれませんが、勇気を出して、世に出してみましょう。
　完璧を目指して前に進めないよりも、少々完璧じゃなくても前

LESSON 3 初めの1歩を踏み出して、お仕事に挑戦 〜やってあげる系副業の始め方〜

に進んでしまった方が、成長は早いです。

　私が好きな言葉の1つにFacebook (現Meta) 創業者のマーク・ザッカーバーグさんの名言があります。
　それは「Done is better than perfect（完璧を目指すよりまず終わらせろ）」という言葉。

　Facebookは今や世界的に有名なSNSのツールですが、リリースされた頃は頻繁にトラブルが起きたりなど、全く完璧なツールではなかったようです。
　今でもFacebookは急に仕様が変わったり、定期的にアップデートしたりなど、常にお客様の反応を見てツールを改善していっています。
　こんなふうに、世界的に有名なツールでさえ、最初は完璧でない状態で世に出ています。

　クオリティを上げるのは大事ですが、完璧を求めすぎるあまり世に出さないと、世間でどんなものが受けるかもわからないし、自分の成長の機会も逃してしまいます。

　私自身も今は、YouTubeに力を入れていますが、本音を言えば、もっと喋りが上手くなってから…、もっと綺麗な映像で撮れるようになってから…、世に出したいです。
　とはいえ、最初から完璧を目指していたら、いつまでも世に出せず、届けたい人に思いを届けることもできなければ、自分も停滞してしまいます。

　そんなわけで色々反省はありますが、YouTubeの動画ができたあとに「えいや！」と勇気を出して、公開ボタンを押し

ています…！

「やり直したい」「完璧なものができてから公開したい」その気持ちはとてもわかりますが、一旦は、100 点を目指さず、自分なりに 70 点で良いという風に割り切って、世に出してみましょう。クオリティは、やりながら改善し、徐々に上げていけば OK です！

「完璧を目指すよりまず終わらせろ」この言葉を言い聞かせて進めていきましょう。

LESSON 4
オンラインレッスンの始め方
~教える系副業の始め方~

教える系の実績作り

food side job from home

次は教える系ですね！ 教える系って、オンライン料理教室とかの講師のお仕事で合ってますよね？

その通り！お客様に対して何か教えることで価値提供するのが、教える系の働き方です。

オンライン料理教室、食事指導、ダイエット講座、食育講座など。

お客様にアドバイスをしたり、レッスンを行って教えて差し上げたりと、「教える」ことをメインで行うのが教える系です。

ここからは、教える系の実績の作り方について解説していきます。

STEP1 ▷ 先輩のレッスンに参加してみる

これまでに一度もオンラインレッスンやったことがないという方は、まずは自分がやろうとしている分野のオンラインレッスンに参加してみましょう。一度でも参加すると、どんな風に進行していくのか、レッスンでは何をするのか、自分の中でのイメージがはっきりとしてきます。

生徒としてなら、オンラインレッスンに参加したことがある！ という方も、「もしも自分が主催者だったら」という視点で改めて受けてみると、これまでとは違う視点で、気づくことがあるはずです。

LESSON 4 オンラインレッスンの始め方 〜教える系副業の始め方〜

STEP2 ▷ 練習会を開催

生徒としてレッスンに参加して自分の中でイメージができたら、次はお試しで1回、練習会を開いてみるのがおすすめです。
「初めてで緊張してしまうかも…」と思う場合、家族、友人、知り合いなど、最初は緊張しなくて済む人に協力してもらいましょう。知り合い以外に頼む場合は、参加費を無料にしたり、材料費だけをいただく形にして、相手に負担がない形にすると、協力してもらいやすくなります。

ここで大事なのは、一度オンラインレッスンをする前に1人で一通り、シミュレーションをしてみるということ。というのも、頭で考えるのと、実際にやってみるのでは、かなりの違いがあります。

全体を通して一度やってみると、レッスンの流れも掴めますし、改善点や次に何をやればいいのかも見えてきます。

STEP3 ▷ 単発レッスンを行う

練習会が終わったら、いよいよ次は単発レッスン！ 知り合い以外の一般の方も含め、本番のレッスンを行います。
「上手にできるかな…」と最初は心配になるかもしれませんが、本番レッスンとはいえ、この段階ではまだ経験が少ないので、完璧な対応はできなくて当たり前。

その場合は、参加費を抑えたり、特典を付けるなど、お客様にメリットを提供できるように工夫をすると、満足度は高くなります。「モニター」という形で無料参加にするのもOKです。

ここで単発レッスンを行う目的は「オンラインレッスンの講師である」という実績作りをすることです。この段階では、利益はそこまで考えず、実績を作ることに集中しましょう。

オンラインレッスンの始め方 ～教える系副業の始め方～

　また、練習会まではできたけど本番となると「まだコンセプトが定まってなくて開催できない…」というご相談も良くいただきます。

　コンセプトは、大枠までは決める必要がありますが、どういった切り口が正解なのか、自分がどんなお客様からどういったものを求められているか、この段階では、そこまではわからないと思います。
　ここで必要なのは、単発レッスンを繰り返してお客様の反応を見つつ、自分にしっくり来るカタチを考えていくということです。

　例えば、ダイエットをテーマにした料理教室をやりたいけど、男性向けにやるか、若い女性向けにやるか、ものすごく悩んでいるという場合。
　「サービスを誰向けにしたらいいか」の考え方は、別の章でお話ししますが、あまりにも悩んで決められないくらいなら、どちらも一度、単発レッスンをやってみたら良いと思います。

　実際にやってみることで、「男性向けにやってみたけど、筋肉作りの話題が多くて、自分には答えにくかったな」とか「女性向けのダイエット相談は、自分の実体験でアドバイスができてお客様の満足度も高かった。女性向けで行こう！」といったような、気づきが得られるはずです。
　そうやって、お客様の反応や自分のやりやすいやり方を考えながら、単発レッスンを繰り返してブラッシュアップをしていくと、徐々にコンセプトが固まり、同時にオンラインレッスン講師としての実績も作ることができます。

LESSON 4

オンラインレッスンの始め方 〜教える系副業の始め方〜

food side job from home
オンラインレッスンは実は初心者向き！

料理教室をやってみたいけど、オンラインって何だか難しそうで…。最初はリアルの方が良いかなとも思ったけど、実際どうなんでしょう？

 もちろんリアルの料理教室も良いですが、実はオンライン料理教室の方が、初心者にはメリットが多いんです！

　コロナ禍以降に需要が高まったオンラインレッスンですが、「初心者には難しそう…」とハードルを高く感じている人も多いようです。

　ですが、オンラインレッスンはリアルレッスンよりも、実は「初心者向き」です。

　理由はいくつかありますが、一番は「赤字になりにくい」ということ。
　例えば、リアルの料理教室や講座であれば、お客様をお招きするための場所が必要になります。
　自宅で構わないという場合であれば別ですが、「知り合いなら良いけど、不特定多数の面識がない人を自宅に招くのはちょっと…」と思われる方も多いはずです。
　その場合はレンタルキッチンやレンタルスペースなどを借りることになりますが、そうなると1回で数万円の場所代がかかることも普通です。

またリアルの料理教室の場合は、レッスンで使う分の食材や、参加者全員分の食器やカトラリーなどの備品も、主催者がすべて用意する必要があります。
　場所代、交通費、参加者全員分の食材費や備品代…。計算すると、1回のレッスンでかなりの経費になることがわかります。

　経費がかかっても、その分レッスン代をしっかり取れて、お客様もたくさん来るという場合であれば問題ありません。
　ですが、まだ実績も不十分な初期の頃は、レッスン単価は上げにくいですし、集客も安定していないという場合がほとんどだと思います。
　毎回のレッスンは「赤字」となり、「続けていくのは難しい…」という結果になりかねません。

　一方で、オンラインレッスンは、初期の頃から、大きな赤字になるリスクがほとんどありません。
　理由は、経費がほとんどかからないから。

　オンライン料理教室の場合、レッスンで使う食材や食器などの備品は、お客様ご自身に用意していただくので、こちらでお客様の分まで用意する必要はありません。

　さらに、開催場所はオンライン上ですので、自宅から行えば、レンタル料などの場所代はかかりません。通信費が数千円かかる程度で済みます。

　なお、自宅でオンライン料理教室というと「自宅のキッチンが狭いから画面に映せない…」というご相談もいただきますが、それは全く問題ないです。

オンラインレッスンの始め方 〜教える系副業の始め方〜

　なぜなら、レッスンをしている時に、必ずしもキッチンを映す必要はないからです。

　例えばお料理のデモンストレーションをする時は、テーブルの上にスマホを置いて、手元だけが映るようにすれば、キッチンは映りません。
　デモンストレーションが終わったあとにお客様とお話しする場面では、Zoomのバーチャル背景をつければ、自宅の背景を映さずに済みます。

　そう考えると、大体まな板2枚分ぐらいのペースがあれば、オンライン料理教室は開催できるので、自宅のキッチン事情は、ほとんど関係ないと言えます。

food side job from home
Zoomの基本の使い方

オンラインレッスン、やってみたくなりました！ でもオンラインレッスンには、Zoomを使うんですよね？あまり使い方がわからなくて…。他の無料アプリじゃダメなんですか？

オンライン会議のアプリは色々ありますが、個人の方向けにオンラインレッスンをするなら、最も知名度が高いZoomがおすすめです。

オンライン会議アプリは、Zoomの他にも、Google Meet、Skype、Microsoft Teamsなど、色々ありますが、オンライン料理教室やオンライン相談など、個人向けにオンラインレッスン行う場合は、Zoomが最もおすすめです。

理由としては、機能が良いということもありますが、一番は、オンライン会議アプリとしての知名度が、現段階では最も高いからです。

コロナ禍以降、Zoomが世の中にかなり浸透してきたので、「Zoomなら使ったことがある！」という方も増えてきました。
一方で、後発のアプリは、機能性は良いのですが「使ったことがないからわからない」という方がまだまだ多いです。

個人の方をお客様にする場合、お客様がオンラインレッスンに参加できるように、主催者としてサポートをする必要があります。

LESSON 4 〜教える系副業の始め方〜

　Zoom以外のアプリを使う場合、お客様から「アプリの使い方がわからないので教えてください」「Zoom以外は不安なので今回はやめておきます」と言われる機会は増えるはずです。

　そうなると、主催としての手間が増えたり、機会を逃してしまうことがあるので、どうしても別のアプリを使いたい！という場合以外は、Zoomを使うのがベターです。

オンラインレッスンでZoom使用する際、押さえておきたいこと

1.Zoomは有料版を使う

　オンラインレッスンにおいて、Zoomは主催者としてお客様をおもてなしをするためのレッスンの会場です。
　Zoomは無料版と有料版がありますが、無料版だと最大40分の時間制限があります。

　クライアントの打ち合わせだけであれば、無料版でも構いませんが、オンライン料理教室やオンライン相談など、自分が「主催者」としてお客様を迎え入れる時は、有料版がおすすめです。

　有料ツールを使うことに抵抗がある場合もあるかもしれませんが、Zoomはリアルの場合で言う「レッスン会場」になります。
　リアルの場合、レンタルキッチンなどを借りたら、1回あたり1万円以上することも多々ありますが、Zoomは1ヶ月あたり2000円程度。そう考えると圧倒的にコストも低いので、そこは必要経費と思って考えるのがベストです。

2.パソコン、スマホ、タブレットからアクセス

　Zoom で有料版のアカウントを１つ獲得すると、そのアカウント１つで、パソコン、スマホ、タブレットから同時にアクセスができます。

　パソコンだけでなく、スマホやタブレットでの Zoom も使えるように操作を抑えておきましょう。

3.インターネット接続を確認

　接続不良で電波が途切れてしまうと、レッスン中に Zoom からログアウトしてしまったり、音声や画像が乱れるというような状況になる可能性があります。

　家の中でも、WI-Fi が安定している場所やしていない場所があるはずです。

　なるべく電波の入りやすい場所でレッスンを行うか、どうしても電波が入りにくい場所でレッスンを行う場合は、中継機を置いたり、Wi-Fi の回線速度を上げるなど工夫して、電波が繋がるようにしておきましょう。

4.ミーティングルームの発行

　Zoom でお客様と会話するには、ミーティングルームの URL を発行する必要があります。

　ミーティングルームさえ発行できれば、参加者は URL をクリックするだけで入室ができます。

5.ビデオと音声

　Zoom からミーティングルームに入室すると、カメラのアイコン、マイクのアイコンが下の方にあります。

　カメラのアイコンが画面に映像を映す機能。マイクのアイコン

137

LESSON 4 〜教える系副業の始め方〜 オンラインレッスンの始め方

が音量調整の機能で、ミュートにすることでマイクの音声を消すことができます。

6.チームチャット機能

ミーティングルームに入室している参加者と、文字入力で会話ができる機能です。

何らかの問題で音声会話ができない場合や、メモを送りたい場合など、チャット機能がとても便利なので押さえておきましょう。

7.画面共有機能

自分のパソコンの画面を参加者全員と共有して見せることができます。

オンラインセミナーや座学などを行いたい時に必要なので、使いこなせるようになっておきましょう。

8.録画機能

Zoomミーティングの内容を録画できます。録画があると、動画としてレッスンの様子を残すことができます。

Zoomを使ってオンラインレッスンを主催する場合、まずはこれらを押さえておきましょう！
「何だか難しそう…」と思うかもしれませんが、Zoomの設定や操作、Wi-fiの繋ぎ方は1回覚えてしまえば、あとはできるようになります。

どうしても難しい場合は、他の人に教えてもらいながら行ったり、設定を代行してもらったりするのがおすすめです。

また、レッスン主催するなら、自分が使えるだけでなく、

お客様である参加者にも使えるようになっていただく必要があります。 そのためには、まずは自分で基本の操作を把握しておきましょう。

LESSON 4

オンラインレッスンの始め方 〜教える系副業の始め方〜

food side job from home

お客様はどこから集めてくる？

お話を聞いてオンラインレッスンをやる決心がつきました！ ところで生徒さんはどこから集めるのでしょうか？ やっぱりSNSですか？

個人が集客をするなら、SNSは必須です。ただし初期の頃は、SNSだけでは不十分なので、他の集客媒体も同時に使うことをおすすめします。

オンラインレッスンを開講したら、どこからお客様を集めてくれば良いと思いますか？

今の時代、オンラインやリアルに限らず、集客の主流は、インターネット上で行うWEB集客です。

Instagram、Facebook、X（旧Twitter）、YouTube、ホームページやブログなどから見つけてもらうことが多いです。

ホームページは、作り込むのが少し大変なので、まず初期の段階では比較的簡単に作れて、効果も高いSNS（Instagram、Facebook、X（旧Twitter）など）から始めていくのが良いです。

ただし、SNSで投稿をし始めたからといってすぐに参加者が集まるわけではありません。

そもそもSNS経由で、集客を行うためには、下記のような3段階があります。

お客様があなたのアカウントを知って

何となくフォローする（認知）

↓

お客さんがあなたのレッスンに興味をもつ（興味）

↓

お客さんがあなたのレッスンに申し込む（行動）

まずはあなたの存在を知り、そこから何回か投稿を見たりしてやっと興味を持ってくれるようになり、さらにまた時間をかけてファン化し、やっと行動してみよう！　という気になってくれるのです。

このように SNS は時間をかけて、コツコツと投稿し続けてやっと集客ができるようになる媒体です。

さらに、最初の認知が少なければ興味を持ってくれる人も少ないです。

初期の頃は SNS を立ち上げたばかりで、フォロワーが 100 人にも満たないという場合も多いと思います。そういった状況下で、レッスンの案内をしたとしても、実際に行動までしてくれる人は、とても少なくなります。

そこで、初期の頃は、SNS と並行して、オンラインレッスンのマッチングサービスを活用するのがおすすめです。

例えば、「ストアカ」というサイトは、オンライン料理教室などのレッスンに参加したい人と、レッスンを開催したい先生を繋ぐサービスです。

実際サポートしていたスクール生には、当初は SNS のフォロワーが 200 人前後くらいでしたが、ストアカの集客力を活用して、

141

オンラインレッスンの始め方 〜教える系副業の始め方〜

最終的に100人以上の生徒さんの集客に成功した方もいます。

　オンラインレッスンのマッチングサービスでは、売上から何％かの手数料がひかれますが（プラン等による）、登録自体は無料で、初期費用はかからないので、ぜひ活用していくことをおすすめします。

　もちろん、SNSはお客様と直接繋がることができ、ファンにもなってもらえるツールなので、長期的に事業をやっていく上では、しっかりと運用していくことが大事です。

　ですが、SNSのアカウントが育つまでには時間と労力がかかります。まずは外部のマッチングサイトなどの力も借りながら、「使えるものはどんどん使っていく！」という貪欲さを持って進めていきましょう！

継続集客の鍵はLINE公式アカウント

最近インスタ開設したので、これからSNS頑張っていきます！ とりあえずフォロワーを増やせばいいんですよね？

SNSでフォロワーを増やすことも必要ではありますが、フォロワー数よりも「どれだけ濃いファンを作れるか」の方が集客の上では大事です。信頼を高め、濃いファンを作るには、合わせてLINEを使いましょう！

今の時代、日本人が最も日常的に使っているメッセージアプリがLINEです！

1対1のコミュニケーションができることが強みで、SNSでは反応してくれない人でも、LINEであれば気軽に返信してくれたり、問い合わせをしてくれたりします。

さらに、プッシュ通知の希望があるので、お知らせやメッセージが確実に届きます。

レッスンやイベントへの集客もLINEでお知らせを出すと数分で申し込みが入るなど、集客への反応率はトップと言えます。

LINEを集客に活用するのなら「LINE公式」アカウントというビジネス用のサービスを使いましょう。

LINE公式アカウントは、1対1で個別にメッセージができるLINEチャット機能、登録した人全員に一斉にメッセージを送る

LESSON 4 〜オンラインレッスンの始め方 〜教える系副業の始め方〜

メッセージ配信機能、そしてあらかじめセットしておいたメッセージを配信できるステップ配信機能などがあります。

ステップ配信機能は、「友だちの追加」をしてから、1日目に挨拶文、2日間にアンケート、3日目に動画、など設定した日にちが経過すると、メッセージが順番に送られる、という機能です。

一度だけ登録しておけば、自動でメッセージが配信されるため、運用負荷を増やすことなくメッセージを配信できます。

登録した方に、毎日メッセージを送ることができるので、信頼関係の構築やファン化にも繋がります。

お客様に直接メッセージを送ることができるという点で、より密な関係を築くことができるので、SNSを見てくれた方、単発レッスンに参加してくださった方には、LINEにも登録してもらえるように促しましょう。

お客様の声が何よりの実績証明

> オンラインレッスンをやるイメージが湧いてきました！　最後に何かやっておいた方がいいことはありますか？

> 実績作りを目的にオンラインレッスンを開催する場合は、レッスン後に「アンケート」を忘れずにとるようにして下さいね。

　実績作りのための単発レッスンを行う際に、必ずやっていただきたいことがあります。
　それは「お客様の声を集める」ということ。具体的には、レッスンが終わったら必ず「アンケート」をとるようにしてください。

　アンケートに、必ず入れるべき項目は、

- **「今日のレッスンで気づいたこと / 良かったこと」**
- **「今日の感想」**

　などです。もちろん、「改善点」など今後のためのご意見をいただく項目を入れても良いのですが、「良かったところ」など、ポジティブな意見をもらえるような項目は必ず入れてください。

　このアンケートのポジティブな意見こそが「お客様の声」となり、あなたのオンラインレッスン講師としての実績になります。
　アンケートで良い評価をいただけたら、次はそれらを「お客様の声」として SNS やブログ、ホームページ等でアップしていきま

オンラインレッスンの始め方 〜教える系副業の始め方〜

しょう。

　というのも、例えば、お客様からのレビューが0件の料理教室と、お客様の高評価レビューが100件ある料理教室では、信頼度が全く違います。

　誰でも初めてのレッスンに参加するのは勇気がいるので、躊躇してしまうこともありますが、「お客様の声」があると、安心と信頼に繋がり、新規のお客様に参加してもらいやすくなります。

「お客様の声」こそが「実績の証明書」と心得て、初期の頃は特に毎回アンケートをとることを忘れないようにしましょう。

失敗したらどうする？

food side job from home

教えてもらって、やる気が出てきました！　でも、上手くいかなかったらどうしようと不安になる時があって、始められません…。

 最初は不安になるのは当然ですが、失敗したら何もかも終わりではないので、もう少し楽に考えてみて下さいね。私も小さい失敗は、何百回としています。

　よくいただくご相談で多いのが「失敗したらどうするんですか？」というもの。私の答えは「別のやり方でもう一度やってみます」です。

　残念ながら「絶対に失敗しない方法」はありません！
「え、ないの？」と思われたかもしれませんが、今活躍している人で、一度も失敗を経験していない人はいないです。

　上手くいっているように見える人も、小さな失敗をたくさんしながらも、続けているから「失敗していない」ように見えるだけなのです。

　私も小さな失敗は、山のようにしています。
　例えば、イベントを立ち上げて集客が思うようにいかず、赤字になったことは何度もありますし、お金と時間をかけてサービスを作ったのに、全然売れない…。など、思い出せばきりがないです。

　でも、たとえ1回で上手くいかなかったとしても、じゃあ次は

オンラインレッスンの始め方
〜教える系副業の始め方〜

ここを改善して、もう一度やってみよう！　といった具合に、失敗しながらも続けているから、そのうち上手くいくようになって、成功したように見えるんだと思います。

というわけで、何かを始める時に「絶対に失敗しない確証」がとれることはあり得ません。

まずは「軽く」一歩踏み出すことが大事です。
多額の借金を抱えるとか、命に関わることをするとか、そういった大きなリスクがなければ、特に大きなダメージはないはずです。

逆に「失敗しちゃいけない」という気持ちが強すぎると、動きたくても動けなくなってチャンスを逃してしまいます。

考えすぎて不安になればなるほど、何もできなくなって前に進めないので、あまり重く考えすぎず、何かを始める時は、軽やかにスタートしてみてくださいね！

LESSON 5

お客様から選ばれる自分になる
〜SNSを武器に自分をブランド化〜

LESSON 5

お客様から選ばれる自分になる
〜SNSを武器に自分をブランド化〜

food side job from home

薄利多売を卒業して単価を上げよう

お仕事に挑戦するところまではできて、だんだんと実績も溜まってきました。でもこれだと割に合わないというか、もう少し単価を上げたいです。

お仕事の実績ができてきたら、次は単価を上げられるように動きましょう！ お客様から、あなたにお願いしたいと思われるようになると、徐々に単価を上げていけますよ。

　ここまで実績を作る方法をお伝えしてきましたが、自分が認められたい分野で何かしらの実績を作り、だんだんとプロとして認められるようになっていったら、今度はお仕事の単価を上げていきましょう！

　単価を上げるためには「お客様から指名される存在になる」必要があります。同じ内容のお仕事でも「あなたにお願いしたいです！」と言われるようになるのがコツです。

　じゃあどうしたらお客様から指名されるようになるのかというと、それは、これからお伝えする「セルノブランディング」を考えていくことで叶っていきます。

　セルフブランディングとは、自分をブランド化させて、特定の人にとって価値のある存在になる ことです。

　ブランディングが定まって、機能するようになると、あな

たのサービスにファンがつくようになります。すると普通よりも高単価でお仕事のオファーを受けたり、どんな商品でも売れるようになったりと、自分でビジネスをする上ではとても大きなメリットがあります。

　わかりやすい例が、ハイブランドのバッグです。ブランド品のバッグは、もちろん素材は良いものを使っていますが、素材の原価というところだけを考えると、原価に見合った価格とは言えません。全く同じ素材で、ノーブランドのバッグが10万円なのに対し、ブランド品のバッグは50万円するなど、5倍以上の値段になるということは多々あります。

　なぜ、それが成り立っているのかというと、「原価に対して圧倒的に高いけど、それでもブランド品のバックが欲しい！」という人が、世の中にたくさんいるからです。

　ハイブランドというのは、独自の世界観を持っており、ブランディングがしっかりと定まっています。さらにそれを世界中に発信していて、たくさんのファンが付いているからこそ、通常よりも高い金額でも売れています。もちろん、単にステータスでブランド品を持つ方もいますが、それも、世の中で、そのブランドが信頼されているからこそです。

　この考え方は、個人でビジネスをしていく上でも、応用することができます。

　実際、これまでにサポートしスクール生でも、ブランディングがしっかり定まって活かせるようになった方は、短期間でSNSのフォロワーが1000人単位で増えたり、お仕事のオファーを受け

LESSON 5 お客様から選ばれる自分になる ～SNSを武器に自分をブランド化～

てメディアに掲載されるようになったり、新規集客がどんどんできるようになったりと、一気に飛躍されました。

次のパートから、自分で副業やビシネスをしていく上で、すぐに活かせるセルフブランディングの考え方を見ていきます。

food side job from home
セルフブランディングの作り方

これまで平凡な人生を歩んできたので、特にすごいと思われるような経験や資格がないんです。自分をブランド化させるってすごく難しいです。

セルフブランディングを固めるために必要なのは、経験や資格だけではありません。「自分の強み」「求められること」「やりたいこと」の3つについて、掘り下げて考えていきましょう！

　セルフブランディングを考える際のコツは、自分はお店だと思うことです。自分は何屋さんなのか、一言で説明できるようになっていきましょう。
　というのも、初見のお客様というのは、何屋さんかがわからないと不安の方が強いので、なかなか関わろうとはしてくれません。

　例えば、飲食店だったら、外から見て何屋かわからないお店は「思っていたのと違ったら嫌だから、ここには入らないでおこう」と、素通りしてしまう方がほとんどです。

　一方で、外から見て、これはカフェだな、居酒屋だな、ラーメン屋だな、と何の店かパッと見でわかると、「ラーメン食べたいなと思っていたら、ラーメン屋を見つけた！　よし入ろう！」という風に、自分の目的に合うとわかれば、初めてでもお店に入ってもらいやすくなります。

　自分は何屋になったらいいのか…。自分のテーマとなるセルフ

お客様から選ばれる自分になる 〜SNSを武器に自分をブランド化〜

ブランディングを決めるには、これからお伝えする3つを考えていくのがコツになります。

1つ目は「自分の強み」、2つ目は「求められること」、そして3つ目は「やりたいこと」。

この3つが重なり合った中心値が、あなたのブランディングになります。

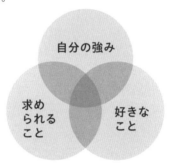

1.自分の強みの見つけ方

自分の強みとは、他の人よりも得意なことや経験値があること「これに関わることなら語れる」と言える分野のことです。

このようにお伝えすると「私は特別な経験や資格があるわけではないし、強みが見つからないです…」というお声をいただくこともありますが、それは自分自身で気がついていないだけで、強みがない人はいないです。

強みを探すコツとしては、まずは今までやってきたことを振り返ってみてください。

学生時代に学んだこと、社会人になってからのお仕事経験、大人になってから始めた趣味や勉強したこと、家事や育児を

する中で工夫していたことなど、何でも OK です。

　これまでの中で、少しでも自分なりに工夫していたこと、得意だと思ったこと、知識があること、または人から褒められたことがあること、それらをすべて書き出してみてください。

　注意点として、知識や経験や得意なことというのは、誰から見てもすごいと思われる内容ではなく、些細なことで構いません。

　例えば「お菓子作りが好きで、趣味で毎週お菓子を作っている」のなら、それは立派な強みです！
　趣味だったとしても、毎週お菓子を作るということは、普通の人よりも圧倒的に「お菓子を作った経験数」は多いはずです。「パティシエさんでもない、素人だし…」と謙遜する方もいますが、強みというのは、プロフェッショナルでなくても良いのです。
　全体で見たら、お菓子作りが得意な人よりも苦手な人の方が多いです。そのため、お菓子作りが苦手な人からしたら、ちょっとでも得意な人は「すごいな」と思う存在です。

　また、世の中にはお菓子を習うなら「有名なパティシエの先生に習いたい」という人もいれば、「主婦経験があって気軽に話せる先生に、簡単に作れる家庭的なお菓子を習いたい」という人もいます。

　このように考えていくと、

- **長い間主婦をやっていた→主婦業で培った、効率的な料理の作り方がわかる**
- **平凡な OL だった→ OL の気持ちがわかるので、OL 目線のレシピを考えられる**

お客様から選ばれる自分になる 〜SNSを武器に自分をブランド化〜

など、一見、強みに思えないことでも、強みとして変換することができます。

2. お客様が求めていることは？

続いては、お客様が求めていること（ニーズ）を探っていきます。

お客様からのニーズを探るには、まずは自分の方から、助けたい人を決めるという作業が必要です。

「色々な人の役に立ちたいから、特定の誰かなんて決められません…」と思うかもしれませんが、誰でもウェルカムな何でも屋さんというのは、まず初見の人には興味を持ってもらえないです。

芸能人や影響力があるインフルエンサーでない限り、最初は「特に誰の役に立ちたいのか」を決める必要があります。

これを「ターゲット」や「ペルソナ」という風に言ったりしますが、特に役に立ちたいと思うお客様像を、最初はたった1人をイメージして思い描いて見てください。

1人に絞って考えることで、お客様像が具体的になり、その人が何に困っているのかがわかるようになります。

イメージするお客様は架空の人でもいいですが、実在する知り合いや、過去の自分を当てはめてみると、より考えやすくなります。

その人の年齢、家族構成、仕事、抱えている悩みなど、どんなことを日々考えていて何に悩んでいるのかを考えて書き出してみましょう。

すでに発信をしていてフォロワーがいる方や、何かのサービスでお客様がいるという方に関しては、お客様の中で代表1人を思い描いてみてくだい。

または、悩みを直接聞けるような関係性であるのであれば、直接お話をして、何に悩んでいるか聞いてみたり、アンケートを取ってみるのもありです。

そうやって、悩みを洗い出していった中で「この悩みだったら自分が解決してあげられそうだな」と思ったところがあったら、それがお客様が自分に求めていること（ニーズ）です。

3.やりたいことの考え方

最後に考えるべきは「やりたいこと」について。ただし、やりたいことを考える時は注意が必要です。

それは、やりたいことに重きを置きすぎると、3つの○が重なる部分が、あまりなくなってしまうということ。

自分の強みやニーズを無視して、特定のやりたいことに振り切りすぎると、それはお仕事ではなく、趣味の領域になってしまいます。

そこで、やりたいことを書き出す時は、これだけはやりたくないということを同時に考えてみるのがおすすめです。例えば、

・満員電車に乗りたくない→通勤がない仕事スタイルにしたい
・健康を害するレシピは発信したくない→健康に良いレシピなら発信したい

という風に、これだけはやりたくないことをベースに考えてい

LESSON 5 お客様から選ばれる自分になる 〜SNSを武器に自分をブランド化〜

くと、広い範囲でのやりたいことが見えてきます。

　なお、個人事業の世界では「やりたいことは無視して求められることだけをやる方が良い」という考え方もあります。
　確かに、「自分の強み」や「お客様のニーズ」があるなら、やりたいことは完全に無視してもビジネスとしては、成り立ちます。

　ただし、自分が全然やりたくないことや、興味のない分野は、情熱を持って続けていくのが難しくなってしまいます。
　会社員であれば、上司や周りの目があるので、嫌なことでも我慢してやり続けられますが、周りの目がない個人事業では、自分でモチベーションを保ち続けなければなりません。

　自分の心の声をあまりにも無視したスタイルでは、だんだんと心が疲弊し、続かなくなることは目に見えています。
　副業を含め、個人事業は長期戦です。強みやニーズを考えつつも、自分がこれなら続けていけると思える領域で考えていきましょう。

　最後に、セルフブランディングは、最初から完全なものを作ろうとする必要はありません。
　ある程度まで固まったら、SNSで情報発信をしていき、そこからフォロワーの反応に合わせてブラッシュアップをしていくことで仕上がっていきます。

　SNSで発信していくと、だんだんとフォロワーの悩みがわかり、どんな人に求められるのか、どんな風に手助けしたらいいのかもわかってきます。

フォロワーの声をしっかりと聞いて都度アップデートをしていきながら、徐々に自分のブランドを固めていきましょう。

food side job from home

セルフブランディング発見ワーク

お客様から選ばれる自分になる
〜SNSを武器に自分をブランド化〜

自分の強み発見

①好きな食べもの・嫌いな食べものは？
②あなたの性格を表す言葉は？ 10個書き出してみましょう。
③あなたが得意なこと、人よりも知識、経験があることは？
④人から褒められること（または子供の時に褒められたこと）は？
⑤人から指摘されることは？（指摘されること→裏を返せば強みにも）
　例：大雑把→大雑把な人の気持ちがわかる、ズボラ飯が作れる

求められること

①あなたが役に立ちたいと思う人はどんな人？（年齢、性別、職業、家族構成）
②その人はどんなことに悩んでいる？
③その人の悩みを、あなたはどうやってサポートして解消してあげる？
※全く思いつかない場合は、求められること①に戻ってお客様像を変える。

> やりたいこと

①あなたがワクワクする瞬間はいつですか？ 3つ書き出してみて下さい。
②あなたが本当はやりたくないと思っていることは？
③どんな人に憧れる？どんな人たちと関わっていきたい？
④これから新しく挑戦してみたいことや、興味のあることは？
⑤今、自分に足りないと思うスキルは？

memo

LESSON 5

お客様から選ばれる自分になる
〜SNSを武器に自分をブランド化〜

food side job from home

SNSで発信をはじめよう

なんとなくセルフブランディングがわかってきたので、SNS発信をやってみます！ ところでSNSは何を使ったら良いのでしょうか？

これから料理/栄養系で発信をスタートするなら、まずはInstagramがおすすめですよ。

　仮にでもブランディングができてきたら、ここからはSNSの発信を強化していきましょう。

　大まかに設定したブランディングテーマに沿って、自分が日頃やってること、レシピ、自分の知識、などをフォロワーたちに向けて価値提供しながら、情報発信していきます。

　そこでフォロワーの反応を見つつ、発信の内容やテーマを整えていくと、徐々にセルフブランディングが完成していきます。

　なお、今の時代はたくさんのSNSがあるので「何を使ったらいいのかわからない…」という方も多いと思います。

　これから、料理/栄養系で発信をする予定という方は、まずはInstagramがおすすめです。

　理由は、Instagramは写真や動画といったビジュアルで発信をするSNSのため、料理系発信との相性が良いからです。

　さらに、他のSNSに比べて大人の女性のユーザーが多いので、料理や栄養に関心のある方が多いです。

162

Instagram の発信をする上で、良い投稿を心がけるのはもちろんなのですが、もう１つ意識したいことがあります。

それは、フォロワーとの交流です。そもそも SNS というのは、共通の趣味や関心を持つ人たちが交流する場所です。

特に Instagram は、気軽に DM をする文化があったり、ストーリーズという１日限定のタイムリーな情報が見れたり、フォロワー同士の交流がわりと積極的な SNS です。

そのため、単に投稿するだけではなく、交流して仲良くなり友達を作るようなイメージで運用していくと、伸びやすくなります。

また、Instagram で集客や仕事の案件獲得に繋げたいという場合、フォロワーさんにアクションをしてもらうための「導線づくり」を意識していきましょう。

プロフィールの文章を整えたり、プロフィールから LINE のリンクを貼ったり、DM を促すような文言を入れたりと、フォロワーさんに行動してもらえるような仕掛けも作ると良いです。

インフルエンサー系の実績の作り方

お客様から選ばれる自分になる
〜SNSを武器に自分をブランド化〜

SNSで発信してフォロワーを集めていったら、インフルエンサーとしても活動できるようになるのでしょうか？

SNSを伸ばしていけば、料理系インフルエンサーとしても活動できるようになります。ただし注意点もあるのであらかじめ知っておきましょう。

　食の在宅副業には、「教える系」「やってあげる系」「インフルエンサー系」の3つの働き方があるとお伝えしました。「教える系」「やってあげる系」の実績の作り方は、細かくステップを踏んで進めていく必要がありますが、「インフルエンサー系」の実績作りはとてもシンプル。

　インフルエンサーになるには、「とにかくSNSを伸ばす」がやるべきことになります。

　そのためには、この章で解説した「セルフブランディング」をまずはしっかりと考えて、アカウントテーマを決めることが一番です。
　SNSを伸ばすためには、投稿のテクニックも多少必要ではありますが、どんなに表面的なテクニックを使っても、一番大事なアカウントテーマがブレていたら、SNSは伸びません。

　また「セルフブランディング」からアカウントのテーマが決まってきたら、次に、どのように情報を伝えていくかの「見

せ方」も考えていきましょう。

　SNS は「見せ方」のジャンルによって、伸びやすさが変わってきます。ノウハウ発信よりも、レシピ発信やエンタメ要素の強い発信の方が、フォロワーは増えやすいです。

　例えば、日本向け YouTube で 100 万人登録を達成しているチャンネルは、エンタメ系やレシピ発信系であればたくさん見つかりますが、ビジネス発信などのノウハウ系では、数人しかいません。

　私自身、2 つ YouTube チャンネルを持っており、1 つはレシピ系、もう 1 つは食の在宅副業についてのノウハウ系チャンネルです。
　レシピ系チャンネルの方は動画本数も少なく、最終更新から 3 年以上経っているのですが、いまだに登録者が増えています。
　一方でノウハウ系チャンネルの方は、80 本以上動画投稿して、力を入れて濃い情報を届けているのですが、そこまで伸びてなく、ジャンルによってこんなにも違うのかと驚いています。

「教える系」や「やってあげる系」の場合は、集客や仕事獲得に繋げることが SNS の目的なので、単にフォロワーを増やせば良いわけではないのですが、「インフルエンサー系」を目指す場合は、フォロワー数が特に重視されるので、ジャンルについても選んだ方が良いと思います。

　最後に補足すると、フォロワー数と収入は、必ずしも比例はしません。

　実際、インスタで 10 万人のフォロワーがいるけど、月収は 5 万円のお小遣い程度、という方は意外と多いです。

LESSON 5 お客様から選ばれる自分になる 〜SNSを武器に自分をブランド化〜

　逆に、フォロワー数は1000人くらいだけど、月収30万円以上は常にキープしている、というフリーランスの方は、私の周りにはたくさんいます。

　SNSを活用して収入を得ることが目的の場合は、単純にフォロワーを増やせばいいだけではなく、そこからどう繋げるかが、大事であることは忘れないようにしましょう。

　また誤解のないようにお伝えしておくと、インフルエンサー業、1本で生計を立てていくには、相当なフォロワー数が必要になるので、それなりの労力と時間はかかります。

　最初のうちは「時間をかけて投稿したのに全然いいねがつかない」「フォロワーが全く増えない」「こんなに頑張ったのに1円の収入にもならない」という状態が続くこともあります。

　SNS運用はコツコツと続けていくことで、次第に芽が出てきます。
　短期での効果を期待すると、挫折をしてしまう原因にもなるので、長期で考えていきましょう。

　また、なかなか収入に繋がらない場合は、インフルエンサー業にこだわらず、「やってあげる系」「教える系」などの他の収入を得やすいお仕事と、並行してやっていくのがおすすめです。

他人と比べて落ち込んだ時は?

最近インスタ投稿を頑張っているんですが、なかなか上手くいかなくて。他の伸びている人の投稿を見ると、比べて落ち込んでしまいます。

発信を頑張っているんですね! 他の人の投稿は、見ることで前向きになるなら良いですが、モヤモヤしたり落ち込む時は、見なくても良いですよ。

SNS が盛んな今の時代。自分と同じようなことを発信している同業の方だったり、知り合いだったり、目にするとつい比較してしまうこともあるかもしれません。

リサーチする目的で SNS を眺めるのは良いですが、他の人がどうしているかが気になって、多くの時間を SNS を見ることに使ってしまったり、比較して行動が止まってしまうのは、本当にもったいないです。

他の人の SNS の投稿を見て、モヤモヤしてしまうという場合、いったん SNS は自分の発信だけに集中して、他の人の投稿は見なくても OK です。

もしくは、見る専用のアカウントを作って、自分より圧倒的に成果を出している人だけをフォローし参考にすれば良いです。業界トップの方と自分では、そもそも土俵が違うので、比べることはないはずです。

お客様から選ばれる自分になる
〜SNSを武器に自分をブランド化〜

　また、同業が気になってしまうタイミングというのは、多くの場合、現状維持が続いて立ち止まっている時です。

　そんな時は、思考を「お客様を見る」という点に切り替えて、どうしたら今関わっているお客様にもっと喜んでもらえるのか、を考えてみましょう。

　そうやって切り替えた方が、自分のメンタルも安定するし、成果も出やすくなります。

LESSON 6

副業から本業へ！収入が安定するビジネス構築

副業から本業へ！収入が安定するビジネス構築

food side job from home

収入を安定させるための考え方

最近、少しづつですがちゃんと副収入を得られるようになりました！ 次はフリーランスや起業に向けてやっていきたいです。

行動に繋げることができたのは素晴らしいです！長期契約が取れるようになると、収入が安定し、副業を本業にすることも可能になりますよ。

　実績ができて、お仕事のテーマも決まってきたら、次のステップは今やっていることを軌道にのせて、収入を安定させていくこと。

　これができれば、今やっている副業を本業に切り替えることも、十分可能になります。

　どの分野のお仕事でも、収入を安定させるためには「長期契約をとる」という考え方をしていきましょう。

　単発のレッスンや単発のお仕事は、基本的に1回きりでの契約なので、単発に頼ってばかりでは収入はなかなか安定しません。ですが、長期にわたっての契約であれば、継続してお仕事がある状態となるので、収入は安定していきます。

　例えば、料理教室なら単発レッスンを繰り返すのではなく、6ヶ月のコース制にしたり、月謝として毎月レッスン料が発生する会員制にするのもありです。

　料理動画の制作なら1本の納品で終わりではなく、毎月○

本納品という継続契約にしてもらうなど、長期で関わらせてもら
える契約を提案します。

　ここからは、長期の契約を取る方法について、「教える系」「やっ
てあげる系」それぞれのやり方を見ていきましょう。

LESSON 6

副業から本業へ！収入が安定するビジネス構築

food side job from home

オンラインレッスンや講座を軌道に乗せよう
～教える系の長期契約～

オンライン料理教室の単発レッスンは定期的に開催できるようになりました！　ただ、これで本当にやっていけるのかな？と不安です。

実績作りができて、教室としての形が見えてきたら、次はお客様と長期で関われるようなサービス方式に変えていきましょう！

　オンラインレッスンや講座を行っていく場合、ほとんどの方が一番苦戦するのが「新規集客」についてです。
　そのため、いかに集客の負担を減らせるかどうかが、事業を軌道に乗せていくためのキーポイントになります。

　例えば、1回3000円の単発レッスンを、月に10人に行った場合、売上は「レッスン費」×「人数」で計算できるので、3000円×10人＝30,000円　で、月々の売上は3万円です。

「月の売上が30万円は欲しい」という場合は、
　300,000円＝3000円×100人　となり、毎月100人集めてレッスンを行う必要があります。

　ここまで見て気づいたかもしれませんが、毎月100人集めてレッスンするというのは、時間的にも体力的にも大変ですし、有名人でない限り、初期のうちから毎月100人集客するのは、現実的ではありません。

一方で、単発レッスンではなく、オンラインサロンのように付加価値がついた、月々1万円の会員制月額サービスを販売していた場合、

300,000円=10,000円×30人で、月に30万円売り上げるには、お客様が30人いたら達成できます。

会員制月額サービスの場合、基本的には毎月継続をしてくれる前提なので、毎月30人を新たに集める必要はありません。

退会希望者の数だけ、新規の方を集めれば良いので、常にメンバーが30人いるコミュニティであれば、大体4~5人くらい集客すれば済むはずです。

他にも、1年間のスクール型で、単価が30万円だった場合は、300,000円=300,000円×1人で、月に1人集客できれば、30万円の売上が作れることになります。

このように、集客の負担を減らすためにも、ここまできたら長期で密な関わりを前提とした単価の高いサービスを作っていきましょう。

オンラインレッスンや講座などの教える系サービスの長期契約はこれからお伝えする3パターンがあります。

1.回数券方式
初期の頃に最も導入がしやすいのは、回数券方式です。

やり方はとてもシンプル。今までと同じ単発レッスンを、10回分の回数券という形にして販売します。

お客様が10回分の回数券を購入してくだされば、1回で割と大

副業から本業へ！収入が安定するビジネス構築

きな金額が入ってきます。また、少なくとも10回は来ていただけることが確定するので、回数券が売れた時点で、長期の契約を結ぶことができます。

回数券に関しては、「回数券としてまとめて買うと、通常の単発レッスン1回分よりも少しお得になりますよ」といった見せ方にすることが多いです。

お客様は、これまでと同じレッスンに、お得に参加できるメリットがあるので、イメージがしやすく購入にも繋がりやすいです。

継続的に単発レッスンを行っているのであれば、まずはこのやり方から導入してみても良いと思います。

ただし、回数券方式の場合、1回あたりのレッスン単価が上がるわけではないので、慣れてきたら次の施策も考えていきましょう。

2.月額方式（オンラインサロン型）

毎月の会費（お月謝）をいただいて、運営するスタイルです。

習い事系の様々な教室（料理教室、英語教室、ピアノ教室、フラワーアレンジメント教室など）では、月謝制を取り入れているところが多いです。

対面ではなくオンラインで行う場合、「オンラインサロン」という形で運営することもあります。

月額方式の良いところは、毎月一定の収入が見込めることです。基本的には入会したら毎月継続して来てもらうのが前提なので、月々の収入が予測しやすくなります。

また、長く参加してくれているとはお客様とは、深い信頼関係が築けます。それにより、お客様のニーズを把握できるので、サービスの向上もしやすくなります。

3.長期講座方式

3ヶ月、半年、1年などの長期でカリキュラムを組んで、通ってもらう方式です。

長期講座は通常、受講料が高めになることが多いため、まとまった収入が得られるメリットがあります。

単価の高い商品を扱うのに抵抗がある方もいると思いますが、単価の高い商品というのは購入するお客様の本気度も高いですし、長期にわたる学習プログラムで、こちらもしっかりと介入してサポートすることができるので、お客様の満足度も高い傾向にあります。

なお、長期講座方式では、お客様は何かしらの変化を求めています。

長期での学習プログラムに取り組むことで、どんな変化が期待できるのか？　について、なるべくわかりやすく掲示するのが、提供する時のコツです。

例えば、初心者向け料理教室であれば、最初は包丁の持ち方から始まって、最後は一汁三品を作れるようになる、など、通うことでどんな変化が起きるのかを、なるべく具体的に言葉にするようにしましょう。

料理教室の単価の上げ方

food side job from home

副業から本業へ！収入が安定するビジネス構築

今後は長期講座形でオンライン料理教室を考えています！　ただ、今はかなり単価を低くしているので、値上げしたらお客様が離れてしまいそう…。何か方法はないですか？

今のレッスン内容と同じで価格だけを上げたら、お客様はびっくりしてしまうかも。
単に値上げするのではなく、今のレッスン方式にプラスアルファの工夫をして、別のサービスとして打ち出すと、単価を上げることができますよ。

　一般的な料理教室は、1回あたりの単価は3000円〜5000円と、大体の相場が決まっています。これにより「なかなか単価を上げられない」「料理教室で食べていくのは難しい…」と思われていますが、実は工夫次第で単価を高く設定することもできます。

　ポイントは「料理教室×〇〇」という風に、単価の高いものと掛け合わせること。そして、付加価値を上げることです。

　例えば私は以前、ダイエットのための料理教室に通っていたことがありました。大体週に1回の通学で、期間は3ヶ月ほど、金額は15万円を超えていました。

　1回あたりのレッスン費は1万円以上なので、料理教室の相場からすると、だいぶ高い金額ですが、それでもたくさん

の人がその料理教室に通っていました。

　それはなぜかと言うと、単に料理が学べるだけではなくて「ダイエット」という付加価値がついていたからです。
「ダイエットをして痩せること」が目的の場合、3ヶ月で15万円だったとしても、相場としてはさほど高くなりません。
　なぜなら、他の痩せるためのダイエットプログラムや、パーソナルトレーニングジムなどでは、もっと高い価格のところが多いですし、運動なしで自分の好きな「料理を学ぶこと」で痩せられるなら、付加価値も高い！　と思えるからです。

　さらにその教室は、先生のカウンセリングがついていて、食事のことはもちろん、日頃の悩みや人生相談もでき、料理やダイエットをのみならず、心の回復までもできてしまう素敵な教室でした。
　心の回復のためにコーチングやカウンセリングなどに別で通ったら、また多くの費用がかかりますが、その料理教室ではカウンセリング代まで含まれているので、そう考えると「逆に安いのでは？」と思ってしまうほどです。

　このように単なる料理教室ではなく、他の何かと掛け合わせ、プラスアルファの付加価値があれば、お客様に満足されながら、単価を高く設定することができます。

LESSON 6

副業から本業へ！収入が安定するビジネス構築

food side job from home

プロへ昇格して本格フリーランスに！
～やってあげる系の長期契約～

最近はレシピ開発のお仕事もやっています！
やってあげる系で長期契約を取るにはどうしたら
いいのでしょう？

やってあげる系の長期契約は、まずはクライアントからの信頼を得ること、実績を積み上げることがポイントです。

　フードコラムの執筆、料理動画、レシピ開発など…、やってあげる系でも単発のお仕事の実績ができたら、次は月額契約、年契約など、クライアントと長期で関わっていける契約をとれるように動いていきましょう。

　やってあげる系の長期契約は、クライアント側から頼まれることも多いです。

　というのも、クライアント側も、仕事をお願いするなら毎回同じ人にお願いしたいと思っている人がほとんどです。新しい人にお願いするのは、どんな人かわからないので不安がありますし、毎回引き継ぎをしないといけないのは、大変だからです。

　ではどうしたら長期契約の声がかかるかというと、まずは最初の段階から手を抜かずに、お仕事をすること。
　初回～3回くらいまでは、お試し発注期間のようなものな

ので、まずは初期の段階での単発の案件に対して、期待に応えられるようにしっかりとこなしていきましょう。

　初回のお仕事が終了したら「是非また何か協力できることがあれば声をかけてください」といった形で、また発注して欲しいことをアピールするのも有効です。

　ほんの少しの声かけでも、クライアント側は「長期でやってくれる気持ちがあるんだな」と認識することができるので、次のお仕事においても、声がかかりやすくなります。

　とはいえ、クライアント側から声がかかるかどうかは、相性やタイミングもあるので、声がかからなくても落ち込む必要はありません。

　あまり声が掛からないなという場合は、これからお伝えする方法で、自分から交渉したり提案してみるのもありです。

food side job from home

価格交渉を成功させるコツ

副業から本業へ！収入が安定するビジネス構築

依頼してもらったお仕事はやりがいはあるけど、正直、もう少し報酬を上げて欲しいなと思っています。交渉してみて良いのでしょうか？

クライアントさんに交渉するのは全く問題ありません。ただし、交渉の仕方を間違えると信頼が崩れることもあるので、伝え方に気をつけましょう！

　もっと仕事の単価を上げていきたいとなった時、新規で別の仕事を探すのもありですが、今関わっているクライアントに交渉をしてみるのもありです。

　この時の注意点として「仕事内容はそのままに、金額だけ上げてください」という伝え方では、ほとんどの場合、交渉は成立しません。

　クライアント側にも予算があり、このお仕事だったらこのくらいの金額感でお願いしたいという希望があります。特に簡単なお仕事ほど代わりの人を見つけやすいので、あまり図々しく伝えると契約終了にもなりかねません。

　ではどうしたらいいかというと、同じクライアントの別のお仕事で価格交渉をしていきます。
「こんなお仕事もあるんですけどどうですか」と提案される場合もありますが、こちらから提案するのもありです。

クライアントは日々、色々な業務を抱えているので「何かお手伝いできることがあれば声かけください」と伝えるだけでも、別のお仕事をもらいやすくなります。

　自分から具体的に提案をする場合は「仕事を巻き取る」という考え方をしていきましょう。

　今任されているお仕事に関連する他の業務を、こっちでもできます！　といった形で提案をしていきます。

　例えば、最初に依頼されたお仕事が Instagram に掲載する用のレシピ制作だったとしたら、レシピだけではなく、「写真も撮りますよ」「投稿する時の文章や画像の編集もします」「インスタの投稿作業もやります」という風に、想定される他の業務を、こちらで巻き取ってやります！　と提案をするイメージです。

　クライアントからしても、細かい仕事を色々な人に振るより、1人の人に丸投げできた方が楽なので、単価は上げやすいです。

　ここが上手くいったら、他にも私ができることはありませんかといった形でどんどん提案をしてみてください。

　そうやって仕事を巻き取っていくと、徐々に社長に近いポジション、つまり会社にとって割と重要な仕事を任せてもらえるようになります。

　誰でもできる簡単なお仕事は、代わりがたくさんいるので単価は低い傾向にあります。

　ですが、誰にでもはお願いできない重要なポジションのお仕事となれば、代わりが見つかりづらいので、単価の交渉もしやすいです。

food side job from home

実績はどんどん外に出していく

だいぶ実績ができて、自分でも実力がついてきた感じがします！ もっと他の案件にも挑戦したいけど、なかなか仕事が来ないです。

実績ができたら、実力がきちんと相手に伝わるように工夫をしていきましょう！自分からアピールしないと相手には伝わりません。

副業から本業へ！収入が安定するビジネス構築

　同じクライアントではなく、別のクライアントを新規で探して交渉したい！となった場合、まず1番見られるのは、実績になります。

　自分自身の実績がだんだんと溜まってきて、実績をアピールできるようになれば、初回だったとしても単価は徐々に上げられるようになっていきます。

　ただし実績は、自分からアピールしないと相手には伝わりません。
　せっかく実績ができたのに、外に出さないでいると、誰にも気づかれないので、もったいないです。
　クラウドワークスやランサーズなどのクラウドソーシングサイトでは、今までやってきたお仕事が一覧で出るのでわかりやすいのですが、それ以外の場でお仕事を取りたい場合は、SNSやブログ、ホームページなどで、しっかりと自分の実力を掲示するようにしましょう。

これまでの実績、ポートフォリオ、自己紹介、自分のサービス内容など「自分は何屋さんでどんなことができるのか」が伝わるように、掲載していきます。

　やってあげる系の場合、初見のクライアントは実績の次に「ポートフォリオ」を見ています。
　ポートフォリオは自分の実力に合わせてどんどんアップデートしていき、クオリティの高いものに書き換えていきましょう。

　実績があって、ポートフォリオも充実していて、自己紹介やサービスも魅力的…。となれば、プロと認識されるので、新規のお仕事のオファーも受けやすくなります。

副業から本業へ！収入が安定するビジネス構築

food side job from home

1人で全部をやらなくても大丈夫

教えてもらったことを進めていったら、どんどん忙しくなってきました！ 考えることもいっぱいで、ちょっと大変…。このまま続けていけるかな？不安になることがあります。

何でもかんでも全部を自分でやろうとしないで大丈夫！ 副業や個人事業は、継続できることが第一です。自分1人で進めようとしないで、他の人を頼りましょう。

1日は24時間ありますが、その中では他のお仕事だったり、家庭のことだったり、たくさんのやるべきことや考えることがあって、使える時間は限られてますよね。

時間的にもやれることが限られている中、何もかも1人でやろうとしていたら、いつかパンクしてしまいます。

副業でもフリーランスでも、個人事業をしていく中で、「これって自分でやらなくてもいいかも」「これは苦手だな」と思うことは、人に頼るという考え方も非常に大事です。

特に自分が苦手なところや、行動が止まりがちな部分に関しては人にお願いしてしまった方が確実です。

セルフブランディング、サービス作り、SNS運用、価格交渉…。個人事業をやっていこうと思ったら、たくさんの初めてがあり、その度に壁にぶち当たることもあります。

そんな時は、自分で全部考えようとするのではなく、そこが得意な人に聞いたり、仕事をお願いしたり、相談するようにしましょう。

その分野に詳しい人で、答えを出して導いてくれる人がいたら、あとはその通りにやっていけばいいだけなので、その方が断然楽ですし成果は出やすいです。

むしろ、何でもかんでも自分1人でやろうとすると、時間もかかり、正解もわからずで、成長スピードは遅くなってしまうので注意が必要です。

また、個人事業は基本的に1人だからこそ、1人にならない工夫をするのが、成功の鍵です。

雇われて会社で働く場合は、上司や同僚がいて、分からないことがあったら相談できる人がいたと思いますが、個人事業主の場合は、自らそういう環境に入っていかない限り、本当にずっと1人です。
誰にも頼れない、相談できる人がいない、という環境ではメンタル的にやっぱり続かなくって、「最初は頑張ろうと思ったけど、途中でしんどくなって副業やフリーランスを諦めてしまいました…。」という人は、実はとっても多いです。

本気で自分を変えたい、一歩踏み出したいと思ったのなら、まずは環境を変えましょう。特に、自分の周りの人から得る影響は、思っている以上に大きいです。

周りが「副業なんて無理だよ」「フリーランスなんて目指さず

副業から本業へ！収入が安定するビジネス構築

真面目に会社で働いた方がいいよ」という人ばかりだったら、最初は頑張ろうと思っても、少し上手くいかなくなった時に「やっぱり無理だったのかも」という思考になり、諦めやすいです。

　一方で、周りにいる人が副業している人やフリーランスばかりだったら、少し失敗したとしても「私もそれ失敗したことあるよ！　それは〇〇をやると改善できるよ」と同じ体験をした人からアドバイスがもらえたり、「最近は〇〇のやり方をすると仕事が得やすいよ」などの最新情報が入ってきたりします。
　周りの当たり前が自分の当たり前になってくるので、本当に環境の力は大きいです。

　変わりたいと思うなら、こんな風になりたいなと思えるような人を見つけて、そういった人たちとできるだけ関われるような環境を探してみましょう。

187

おわりに

最後まで読んでいただき、本当にありがとうございました。

私が初めて食の副業を始めたのは 25 歳の頃。

「本当にやりたかったことは何だろう」
「この先の人生これでいいのかな」
「もっと自分には何かできる気がしている」

　自分の未来に不安を感じ、モヤモヤを抱えながら自問自答している日々でした。
　それから 10 年の月日が経ち、現在は 3 人の子供の母になり、フリーランスを経て個人起業家となった今、本の出版が決まりました。

　あの頃の自分に、今の私の姿は全く想像ができなかったと思います。
　もちろん大変なこと、辞めたいと思ったこともたくさんありましたが、色々な方々に支えられながら、今に至るまで続けていくことができました。
　関わってくださったすべての方に感謝の気持ちでいっぱいです。

「食で何かを始めたい」
「自分の可能性を広げたい」
「変わりたい」

と昔の私のように思っていらっしゃる方に、この本を読んでいただき「自分にもできるかも！」と思っていただけたのなら、これ以上に嬉しいことはありません。

　そして、少しでも何かをやりたいと思ったら、まずは1つでも行動に移してみてください。
　いきなり大きなことをやろうとしなくて大丈夫。
　本書に書いてあることの中から、これならできそうかも！　と思うことを1つやってみましょう。

　そうして小さくても一歩ずつ階段を登っていくと、気がついた時には、たくさんの階段を登って高い位置にいるはずです。

　誰に決められるわけでもなく、自分の人生を決めるのはあなたです。
　あなたらしい生き方、働き方で、あなたが思う「食の在宅副業」を実現していただけたら嬉しいです。

food side job from home

梅原 けい
KEI UMEHARA

栄養士／フードコーディネーター
株式会社リスタイリング代表

「食」×「WEB」を主軸に、食の在宅ワークで副業・起業したい女性のためのキャリアスクール「食のクリエイティブスクール Mia」を運営。好きな"食"を仕事にして、自分らしく生きたい女性のサポートを行い、累計生徒数は 500 名を超える。
事務 OL から、フリーランス栄養士として独立し、2019 年に法人化。子供 3 人のママとして、育児に奮闘しながら、スクール運営を行う。

【 梅原けい公式 YouTube 】
「食」×「在宅ワーク」チャンネル
https://www.youtube.com/@umekeifoodwork

food side job from home

【巻末特典】

1. 食の在宅副業!タイプ別適性診断

2. 在宅で食の仕事を始めるための動画講座

3. 使うだけでプロ仕様!
   レシピ作成テンプレ&解説動画

4. 料理写真とスタイリングの基本動画講座

5. 食のお仕事入門メール講座

特典はこちらの QR コード
または URL からお受け取りください

https://mia.keiumehara-jwk.com/bookpresent

オンラインで食のお仕事はじめませんか?
料理&栄養の在宅副業

2024年10月16日 初版第1刷

著者 　　　　　梅原けい

発行人 　　　　松崎義行

発行 　　　　　みらいパブリッシング
　　　　　　　 〒166-0003 東京都杉並区高円寺南 4-26-12 福丸ビル 6F
　　　　　　　 TEL 03-5913-8611　FAX 03-5913-8011
　　　　　　　 https://miraipub.jp　mail：info@miraipub.jp

編集 　　　　　塚原久美

ブックデザイン 坂本亜樹（デザイン室 白鳥と暮らす）

発売 　　　　　星雲社（共同出版社・流通責任出版社）
　　　　　　　 〒112-0005 東京都文京区水道 1-3-30
　　　　　　　 TEL 03-3868-3275　FAX 03-3868-6588

印刷・製本 　　株式会社上野印刷所
　　　　　　　 ©Kei Umehara 2024 Printed in Japan
　　　　　　　 ISBN978-4-434-34721-4 C0034